TRANZLATY

La Langue est pour tout le Monde

Taal is vir almal

Le Manifeste Mommuniste

Die Kommunistiese Manifes

Karl Marx

&

Friedrich Engels

Français / Afrikaans

Introduction
Inleiding

Un spectre hante l'Europe : le spectre du communisme
'N Spook spook in Europa - die spook van kommunisme

Toutes les puissances de la vieille Europe ont conclu une sainte alliance pour exorciser ce spectre
Al die magte van die ou Europa het 'n heilige alliansie aangegaan om hierdie spook uit te dryf

Le pape et le tsar, Metternich et Guizot, les radicaux français et les espions de la police allemande
Pous en tsaar, Metternich en Guizot, Franse radikale en Duitse polisiespioene

Où est le parti dans l'opposition qui n'a pas été décrié comme communiste par ses adversaires au pouvoir ?
Waar is die party in opposisie wat nie deur sy teenstanders aan bewind as kommunisties afgemaak is nie?

Où est l'opposition qui n'a pas rejeté le reproche de marque du communisme contre les partis d'opposition les plus avancés ?
Waar is die Opposisie wat nie die handelsmerkverwyt van kommunisme, teen die meer gevorderde opposisiepartye, teruggeslinger het nie?

Et où est le parti qui n'a pas porté l'accusation contre ses adversaires réactionnaires ?
En waar is die party wat nie die beskuldiging teen sy reaksionêre teëstanders gemaak het nie?

Deux choses résultent de ce fait
Twee dinge is die gevolg van hierdie feit

I. Le communisme est déjà reconnu par toutes les puissances européennes comme étant lui-même une puissance
I. Kommunisme word reeds deur alle Europese moondhede erken as 'n mag

II. Il est grand temps que les communistes publient ouvertement, à la face du monde entier, leurs vues, leurs buts et leurs tendances

II. Dit is hoog tyd dat kommuniste openlik, in die lig van die hele wêreld, hul sienings, doelstellings en neigings moet publiseer

ils doivent répondre à ce conte enfantin du spectre du communisme par un manifeste du parti lui-même

hulle moet hierdie kleuterverhaal van die spook van kommunisme ontmoet met 'n manifes van die party self

À cette fin, des communistes de diverses nationalités se sont réunis à Londres et ont esquissé le manifeste suivant

Vir hierdie doel het kommuniste van verskillende nasionaliteite in Londen vergader en die volgende manifes geskets

ce manifeste sera publié en anglais, français, allemand, italien, flamand et danois

hierdie manifes moet in die Engelse, Franse, Duitse, Italiaanse, Vlaamse en Deense tale gepubliseer word

Et maintenant, il doit être publié dans toutes les langues proposées par Tranzlaty

En nou moet dit gepubliseer word in al die tale wat Tranzlaty bied

Les bourgeois et les prolétaires

Bourgeois en die Proletariërs

L'histoire de toutes les sociétés qui ont existé jusqu'à présent est l'histoire des luttes de classes

Die geskiedenis van alle tot dusver bestaande samelewings is die geskiedenis van klassestryd

Homme libre et esclave, patricien et plébéien, seigneur et serf, maître de guilde et compagnon

Vryman en slaaf, patrisiër en plebejer, heer en slawe, gildemeester en reisgenoot

en un mot, oppresseur et opprimé

in 'n woord, onderdrukker en onderdrukte

Ces classes sociales étaient en opposition constante les unes avec les autres

Hierdie sosiale klasse het voortdurend teen mekaar gestaan

Ils se sont battus sans interruption. Maintenant caché, maintenant ouvert

hulle het 'n ononderbroke stryd gevoer. Nou weggesteek, nou oop

un combat qui s'est terminé par une reconstitution révolutionnaire de la société dans son ensemble

'n stryd wat óf geëindig het in 'n revolusionêre hersamestelling van die samelewing in die algemeen

ou un combat qui s'est terminé par la ruine commune des classes en lutte

of 'n geveg wat geëindig het in die gemeenskaplike ondergang van die strydende klasse

Jetons un coup d'œil aux époques antérieures de l'histoire

Kom ons kyk terug na die vroeëre tydperke van die geskiedenis

Nous trouvons presque partout un arrangement compliqué de la société en divers ordres

Ons vind byna oral 'n ingewikkelde rangskikking van die samelewing in verskillende ordes

Il y a toujours eu une gradation multiple du rang social

Daar was nog altyd 'n veelvuldige gradering van sosiale rang

Dans la Rome antique, nous avons des patriciens, des chevaliers, des plébéiens, des esclaves

In antieke Rome het ons patrisiërs, ridders, plebejers, slawe

au Moyen Âge : seigneurs féodaux, vassaux, maîtres de corporation, compagnons, apprentis, serfs

in die Middeleeue: feodale here, vasale, gildemeesters, reisgenote, vakleerlinge, slawe

Dans presque toutes ces classes, encore une fois, les gradations subordonnées

In byna al hierdie klasse, weereens, ondergeskikte gradasies

La société bourgeoise moderne est née des ruines de la société féodale

Die moderne bourgeoisie-samelewing het uit die ruïnes van die feodale samelewing ontstaan

Mais ce nouvel ordre social n'a pas fait disparaître les antagonismes de classe

Maar hierdie nuwe sosiale orde het nie weggedoen met klasse-antagonismes nie

Elle n'a fait qu'établir de nouvelles classes et de nouvelles conditions d'oppression

Dit het maar nuwe klasse en nuwe toestande van onderdrukking gevestig

Il a mis en place de nouvelles formes de lutte à la place des anciennes

dit het nuwe vorme van stryd in die plek van die oues gevestig

Cependant, l'époque dans laquelle nous nous trouvons possède un trait distinctif

Die tydperk waarin ons ons bevind, beskik egter oor een kenmerkende kenmerk

l'époque de la bourgeoisie a simplifié les antagonismes de classe

die tydperk van die bourgeoisie het die klasse-antagonismes vereenvoudig

La société dans son ensemble se divise de plus en plus en deux grands camps hostiles

Die samelewing as geheel verdeel al hoe meer in twee groot vyandige kampe

deux grandes classes sociales qui se font directement face : la bourgeoisie et le prolétariat

twee groot sosiale klasse wat direk teenoor mekaar staan: Bourgeoisie en Proletariaat

Des serfs du Moyen Âge sont sortis les bourgeois agréés des premières villes

Uit die slawe van die Middeleeue het die geoktrooieerde burgers van die vroegste dorpe ontstaan

C'est à partir de ces bourgeois que se sont développés les premiers éléments de la bourgeoisie

Uit hierdie burgers is die eerste elemente van die bourgeoisie ontwikkel

La découverte de l'Amérique et le contournement du Cap

Die ontdekking van Amerika en die afronding van die Kaap

ces événements ont ouvert un nouveau terrain à la bourgeoisie montante

hierdie gebeure het vars grond oopgemaak vir die opkomende bourgeoisie

Les marchés des Indes orientales et de la Chine, la colonisation de l'Amérique, le commerce avec les colonies

Die Oos-Indiese en Chinese markte, die kolonisasie van Amerika, handel met die kolonies

l'augmentation des moyens d'échange et des marchandises en général

die toename in die ruilmiddele en in kommoditeite in die algemeen

Ces événements donnèrent au commerce, à la navigation et à l'industrie une impulsion jamais connue jusque-là

Hierdie gebeure het aan handel, navigasie en nywerheid 'n impuls gegee wat nog nooit tevore geken is nie

Elle a donné un développement rapide à l'élément révolutionnaire dans la société féodale chancelante

Dit het 'n vinnige ontwikkeling gegee aan die revolusionêre element in die wankelende feodale samelewing

Les guildes fermées avaient monopolisé le système féodal de la production industrielle
Geslote gildes het die feodale stelsel van industriële produksie gemonopoliseer
Mais cela ne suffisait plus aux besoins croissants des nouveaux marchés
maar dit was nie meer voldoende vir die groeiende behoeftes van die nuwe markte nie
Le système manufacturier a pris la place du système féodal de l'industrie
Die vervaardigingstelsel het die plek van die feodale nywerheidstelsel ingeneem
Les maîtres de guilde étaient poussés d'un côté par la classe moyenne manufacturière
Die gildemeesters is aan die een kant gestoot deur die vervaardigingsmiddelklas
La division du travail entre les différentes corporations a disparu
Arbeidsverdeling tussen die verskillende korporatiewe gildes het verdwyn
La division du travail s'infiltrait dans chaque atelier
Die arbeidsverdeling het elke werkswinkel binnegedring
Pendant ce temps, les marchés ne cessaient de croître et la demande ne cessait d'augmenter
Intussen het die markte steeds gegroei, en die vraag het steeds gestyg
Même les usines ne suffisaient plus à répondre à la demande
Selfs fabrieke was nie meer voldoende om aan die eise te voldoen nie
À partir de là, la vapeur et les machines ont révolutionné la production industrielle
Daarna het stoom en masjinerie 'n rewolusie in industriële produksie gemaak
La place de fabrication a été prise par le géant de l'industrie moderne

Die plek van vervaardiging is ingeneem deur die reuse, moderne nywerheid

La place de la classe moyenne industrielle a été prise par des millionnaires industriels

Die plek van die industriële middelklas is deur industriële miljoenêrs ingeneem

la place de chefs d'armées industrielles entières ont été prises par la bourgeoisie moderne

die plek van leiers van hele industriële leërs is deur die moderne bourgeoisie ingeneem

la découverte de l'Amérique a ouvert la voie à l'industrie moderne pour établir le marché mondial

die ontdekking van Amerika het die weg gebaan vir die moderne industrie om die wêreldmark te vestig

Ce marché donna un immense développement au commerce, à la navigation et aux communications par terre

Hierdie mark het 'n geweldige ontwikkeling gegee aan handel, navigasie en kommunikasie oor land

Cette évolution a, en son temps, réagi à l'extension de l'industrie

Hierdie ontwikkeling het in sy tyd gereageer op die uitbreiding van die nywerheid

elle a réagi proportionnellement à l'expansion de l'industrie et à l'extension du commerce, de la navigation et des chemins de fer

dit het gereageer in verhouding tot hoe die nywerheid uitgebrei het, en hoe handel, navigasie en spoorweë uitgebrei het

dans la même proportion que la bourgeoisie s'est développée, elle a augmenté son capital

in dieselfde verhouding as wat die bourgeoisie ontwikkel het, het hulle hul kapitaal vermeerder

et la bourgeoisie a relégué à l'arrière-plan toutes les classes héritées du Moyen Âge

en die bourgeoisie het elke klas wat uit die Middeleeue oorgedra is, op die agtergrond gestoot

c'est pourquoi la bourgeoisie moderne est elle-même le produit d'un long développement

daarom is die moderne bourgeoisie self die produk van 'n lang ontwikkelingsverloop

On voit qu'il s'agit d'une série de révolutions dans les modes de production et d'échange

Ons sien dit is 'n reeks revolusies in die produksie- en ruilwyses

Chaque étape du développement de la bourgeoisie s'accompagnait d'une avancée politique correspondante

Elke stap in die ontwikkelingsbourgeoisie het gepaard gegaan met 'n ooreenstemmende politieke vooruitgang

Une classe opprimée sous l'emprise de la noblesse féodale

'n Onderdrukte klas onder die heerskappy van die feodale adel

Une association armée et autonome dans la commune médiévale

'n Gewapende en selfregerende vereniging in die Middeleeuse Gemeente

ici, une république urbaine indépendante (comme en Italie et en Allemagne)

hier, 'n onafhanklike stedelike republiek (soos in Italië en Duitsland)

là, un « tiers état » imposable de la monarchie (comme en France)

daar, 'n belasbare "derde landgoed" van die monargie (soos in Frankryk)

par la suite, dans la période de fabrication proprement dite

daarna, in die tydperk van behoorlike vervaardiging

la bourgeoisie servait soit la monarchie semi-féodale, soit la monarchie absolue

die bourgeoisie het óf die semi-feodale óf die absolute monargie gedien

ou bien la bourgeoisie faisait contrepoids à la noblesse

of die bourgeoisie het as 'n teengewig teen die adel opgetree

et, en fait, la bourgeoisie était une pierre angulaire des grandes monarchies en général

en in werklikheid was die bourgeoisie 'n hoeksteen van die groot monargieë in die algemeen

mais l'industrie moderne et le marché mondial se sont établis depuis lors

maar die moderne nywerheid en die wêreldmark het homself sedertdien gevestig

et la bourgeoisie s'est emparée de l'emprise politique exclusive

en die bourgeoisie het vir homself eksklusiewe politieke heerskappy verower

elle a obtenu cette influence politique à travers l'État représentatif moderne

dit het hierdie politieke invloed deur die moderne verteenwoordigende staat bereik

Les exécutifs de l'État moderne ne sont qu'un comité de gestion

Die uitvoerende beamptes van die moderne staat is maar 'n bestuurskomitee

et ils gèrent les affaires communes de toute la bourgeoisie

en hulle bestuur die gemeenskaplike sake van die hele bourgeoisie

La bourgeoisie, historiquement, a joué un rôle des plus révolutionnaires

Die bourgeoisie het histories 'n baie revolusionêre rol gespeel

Partout où elle a pris le dessus, elle a mis fin à toutes les relations féodales, patriarcales et idylliques

Waar dit ook al die oorhand gekry het, het dit 'n einde gemaak aan alle feodale, patriargale en idilliese verhoudings

Elle a impitoyablement déchiré les liens féodaux hétéroclites qui liaient l'homme à ses « supérieurs naturels »

Dit het die bont feodale bande wat die mens aan sy "natuurlike meerderes" gebind het, genadeloos verskeur

et il n'y a plus de lien entre l'homme et l'homme, si ce n'est l'intérêt personnel

en dit het geen verband tussen mens en mens gelaat nie, behalwe naakte eiebelang

Les relations de l'homme entre eux ne sont plus qu'un « paiement en espèces » impitoyable

Die mens se verhoudings met mekaar het niks meer as gevoellose "kontantbetaling" geword nie

Elle a noyé les extases les plus célestes de la ferveur religieuse

Dit het die mees hemelse ekstase van godsdienstige ywer verdrink

elle a noyé l'enthousiasme chevaleresque et le sentimentalisme philistin

dit het ridderlike entoesiasme en filistynse sentimentalisme verdrink

Il a noyé ces choses dans l'eau glacée du calcul égoïste

dit het hierdie dinge verdrink in die ysige water van egoïstiese berekening

Il a transformé la valeur personnelle en valeur échangeable

Dit het persoonlike waarde in ruilwaarde opgelos

elle a remplacé les innombrables et inaliénables libertés garanties par la Charte

dit het die ontelbare en onuitvoerbare geoktrooieerde vryhede vervang

et il a mis en place une liberté unique et inadmissible ; Libre-échange

en dit het 'n enkele, gewetenlose vryheid geskep; Vrye handel

En un mot, il l'a fait pour l'exploitation

In een woord, dit het dit gedoen vir uitbuiting

Une exploitation voilée par des illusions religieuses et politiques

uitbuiting versluier deur godsdienstige en politieke illusies

l'exploitation voilée par une exploitation nue, éhontée, directe, brutale

Uitbuiting versluier deur naakte, skaamtelose, direkte, wrede uitbuiting

la bourgeoisie a enlevé l'auréole de toutes les occupations jusque-là honorées et vénérées

die bourgeoisie het die stralekrans van elke voorheen geëerde en eerbiedige beroep gestroop

le médecin, l'avocat, le prêtre, le poète et l'homme de science

die geneesheer, die regsgeleerde, die priester, die digter en die man van die wetenskap

Il a converti ces travailleurs distingués en ses travailleurs salariés

dit het hierdie vooraanstaande werkers in sy betaalde loonarbeiders omskep

La bourgeoisie a déchiré le voile sentimental de la famille

Die bourgeoisie het die sentimentele sluier van die gesin weggeruk

et elle a réduit la relation familiale à une simple relation d'argent

en dit het die familieverhouding tot 'n blote geldverhouding verminder

la brutale démonstration de vigueur au Moyen Âge que les réactionnaires admirent tant

die wrede vertoning van krag in die Middeleeue wat reaksioniste so bewonder

Même cela a trouvé son complément approprié dans l'indolence la plus paresseuse

Selfs dit het sy gepaste aanvulling gevind in die mees lui traagheid

La bourgeoisie a révélé comment tout cela s'est passé

Die bourgeoisie het bekend gemaak hoe dit alles gebeur het

La bourgeoisie a été la première à montrer ce que l'activité de l'homme peut produire

Die bourgeoisie was die eerste om te wys wat die mens se aktiwiteit kan teweegbring

Il a accompli des merveilles surpassant de loin les pyramides égyptiennes, les aqueducs romains et les cathédrales gothiques

Dit het wonders verrig wat Egiptiese piramides, Romeinse akwadukte en Gotiese katedrale ver oortref het

et il a mené des expéditions qui ont mis dans l'ombre tous les anciens Exodes des nations et les croisades

en dit het ekspedisies uitgevoer wat alle voormalige uittogte van nasies en kruistogte in die skaduwee geplaas het

La bourgeoisie ne peut exister sans révolutionner sans cesse les instruments de production

Die bourgeoisie kan nie bestaan sonder om voortdurend 'n rewolusie in die produksie-instrumente te maak nie

et par conséquent elle ne peut exister sans ses rapports à la production

en daardeur kan dit nie bestaan sonder sy verhoudings tot produksie nie

et donc elle ne peut exister sans ses relations avec la société

en daarom kan dit nie bestaan sonder sy verhoudings met die samelewing nie

Toutes les classes industrielles antérieures avaient une condition en commun

Alle vroeëre industriële klasse het een toestand gemeen

Ils s'appuyaient sur la conservation des anciens modes de production

hulle het staatgemaak op die behoud van die ou produksiemetodes

mais la bourgeoisie a apporté avec elle une dynamique tout à fait nouvelle

maar die bourgeoisie het 'n heeltemal nuwe dinamiek meegebring

Révolution constante de la production et perturbation ininterrompue de toutes les conditions sociales

Voortdurende rewolusie van produksie en ononderbroke versteuring van alle sosiale toestande

cette incertitude et cette agitation perpétuelles distinguent l'époque bourgeoise de toutes les époques antérieures

hierdie ewige onsekerheid en agitasie onderskei die Bourgeoisie-tydperk van alle vroeëre

Les relations antérieures avec la production s'accompagnaient de préjugés et d'opinions anciens et vénérables

Vorige verhoudings met produksie het gekom met antieke en eerbiedwaardige vooroordele en opinies

Mais toutes ces relations figées et figées sont balayées d'un revers de main

Maar al hierdie vaste, vinnig bevrore verhoudings word weggevee

Toutes les relations nouvellement formées deviennent archaïques avant de pouvoir s'ossifier

Alle nuutgevormde verhoudings word verouderd voordat hulle kan versteen

Tout ce qui est solide se fond dans l'air, et tout ce qui est saint est profané

Alles wat solied is, smelt in lug, en alles wat heilig is, word ontheilig

L'homme est enfin forcé de faire face, avec des sens sobres, à ses conditions réelles de vie

Die mens word uiteindelik verplig om sy werklike lewensomstandighede met nugter sintuie in die gesig te staar

et il est obligé de faire face à ses relations avec les siens

en hy is verplig om sy verhoudings met sy soort in die gesig te staar

La bourgeoisie a constamment besoin d'élargir ses marchés pour ses produits

Die bourgeoisie moet voortdurend sy markte vir sy produkte uitbrei

et, à cause de cela, la bourgeoisie est poursuivie sur toute la surface du globe

en as gevolg hiervan word die bourgeoisie oor die hele oppervlak van die aardbol gejaag

La bourgeoisie doit se nicher partout, s'installer partout, établir des liens partout

Die bourgeoisie moet oral nestel, oral vestig, oral verbindings vestig

La bourgeoisie doit créer des marchés dans tous les coins du monde pour exploiter

Die bourgeoisie moet markte in elke uithoek van die wêreld skep om uit te buit

La production et la consommation dans tous les pays ont reçu un caractère cosmopolite

Die produksie en verbruik in elke land het 'n kosmopolitiese karakter gekry

le chagrin des réactionnaires est palpable, mais il s'est poursuivi malgré tout

die ergernis van reaksioniste is tasbaar, maar dit het ongeag voortgegaan

La bourgeoisie a tiré de dessous les pieds de l'industrie le terrain national sur lequel elle se trouvait

Die bourgeoisie het die nasionale grond waarop dit gestaan het, onder die voete van die nywerheid weggetrek

Toutes les anciennes industries nationales ont été détruites, ou sont détruites chaque jour

Alle ou gevestigde nasionale nywerhede is vernietig, of word daagliks vernietig

Toutes les anciennes industries nationales sont délogées par de nouvelles industries

Alle ou-gevestigde nasionale nywerhede word deur nuwe nywerhede verdryf

Leur introduction devient une question de vie ou de mort pour toutes les nations civilisées

Die bekendstelling daarvan word 'n kwessie van lewe en dood vir alle beskaafde nasies

Ils sont délogés par les industries qui ne travaillent plus la matière première indigène

hulle word verdryf deur nywerhede wat nie meer inheemse grondstowwe opwerk nie

Au lieu de cela, ces industries extraient des matières premières des zones les plus reculées

In plaas daarvan trek hierdie nywerhede grondstowwe uit die afgeleë gebiede

dont les produits sont consommés, non seulement chez nous, mais dans tous les coins du monde

nywerhede waarvan die produkte nie net tuis verbruik word nie, maar in elke kwartaal van die wêreld

À la place des anciens besoins, satisfaits par les productions du pays, nous trouvons de nouveaux besoins

In die plek van die ou behoeftes, bevredig deur die produksies van die land, vind ons nuwe behoeftes

Ces nouveaux besoins exigent pour leur satisfaction les produits des pays et des climats lointains

Hierdie nuwe behoeftes vereis vir hul bevrediging die produkte van verre lande en klimaat

À la place de l'ancien isolement et de l'autosuffisance locaux et nationaux, nous avons le commerce

In die plek van die ou plaaslike en nasionale afsondering en selfvoorsiening, het ons handel

les échanges internationaux dans toutes les directions ; l'interdépendance universelle des nations

internasionale uitruil in elke rigting; Universele interafhanklikheid van nasies

Et de même que nous sommes dépendants des matériaux, nous sommes dépendants de la production intellectuelle

en net soos ons afhanklik is van materiale, so is ons afhanklik van intellektuele produksie

Les créations intellectuelles des nations individuelles deviennent la propriété commune

Die intellektuele skeppings van individuele nasies word gemeenskaplike eiendom

L'unilatéralité nationale et l'étroitesse d'esprit deviennent de plus en plus impossibles

Nasionale eensydigheid en bekrompenheid word al hoe meer onmoontlik

et des nombreuses littératures nationales et locales, surgit une littérature mondiale

en uit die talle nasionale en plaaslike literatuur ontstaan daar 'n wêreldliteratuur

par l'amélioration rapide de tous les instruments de production

deur die vinnige verbetering van alle produksie-instrumente

par les moyens de communication immensément facilités

deur die uiters gefasiliteerde kommunikasiemiddele

La bourgeoisie entraîne tout le monde (même les nations les plus barbares) dans la civilisation

Die bourgeoisie trek almal (selfs die mees barbaarse nasies) in die beskawing in

Les prix bon marché de ses marchandises ; l'artillerie lourde qui abat toutes les murailles chinoises

Die goedkoop pryse van sy kommoditeite; die swaar artillerie wat alle Chinese mure afslaan

La haine obstinée des barbares contre les étrangers est forcée de capituler

Die barbare se intens hardnekkige haat vir buitelanders word gedwing om te kapituleer

Elle oblige toutes les nations, sous peine d'extinction, à adopter le mode de production bourgeois

Dit dwing alle nasies, op straffe van uitwissing, om die bourgeoisie se produksiewyse aan te neem

elle les oblige à introduire ce qu'elle appelle la civilisation en leur sein

dit dwing hulle om wat dit beskawing noem in hul midde in te voer

La bourgeoisie force les barbares à devenir eux-mêmes bourgeois

Die bourgeoisie dwing die barbare om self bourgeoisie te word

en un mot, la bourgeoisie crée un monde à son image

in 'n woord, die bourgeoisie skep 'n wêreld na sy eie beeld

La bourgeoisie a soumis les campagnes à la domination des villes

Die bourgeoisie het die platteland aan die heerskappy van die dorpe onderwerp

Il a créé d'énormes villes et considérablement augmenté la population urbaine

Dit het enorme stede geskep en die stedelike bevolking aansienlik vergroot

Il a sauvé une partie considérable de la population de l'idiotie de la vie rurale

dit het 'n aansienlike deel van die bevolking gered van die idiotie van die plattelandse lewe

mais elle a rendu les ruraux dépendants des villes

maar dit het diegene op die platteland afhanklik gemaak van die dorpe

et de même, elle a rendu les pays barbares dépendants des pays civilisés

en net so het dit die barbaarse lande afhanklik gemaak van die beskaafdes

nations paysannes sur nations bourgeoises, l'Orient sur Occident

nasies van boere op nasies van bourgeoisie, die ooste op die weste

La bourgeoisie se débarrasse de plus en plus de l'éparpillement de la population

Die bourgeoisie doen meer en meer weg met die verspreide toestand van die bevolking

Il a une production agglomérée et a concentré la propriété entre quelques mains

Dit het produksie geagglomereerde en het eiendom in 'n paar hande gekonsentreer

La conséquence nécessaire de cela a été la centralisation politique

Die noodsaaklike gevolg hiervan was politieke sentralisasie

Il y avait eu des nations indépendantes et des provinces vaguement reliées entre elles

daar was onafhanklike nasies en losweg verbonde provinsies

Ils avaient des intérêts, des lois, des gouvernements et des systèmes d'imposition distincts

hulle het afsonderlike belange, wette, regerings en
belastingstelsels gehad

**Mais ils ont été regroupés en une seule nation, avec un seul
gouvernement**

maar hulle het saamgevoeg in een nasie, met een regering

**Ils ont maintenant un intérêt de classe national, une
frontière et un tarif douanier**

Hulle het nou een nasionale klassebelang, een grens en een
doeanetarief

**Et cet intérêt de classe national est unifié sous un seul code
de loi**

en hierdie nasionale klassebelang is verenig onder een
wetskode

**la bourgeoisie a accompli beaucoup de choses au cours de
son règne d'à peine cent ans**

die bourgeoisie het baie bereik tydens sy heerskappy van
skaars honderd jaar

**forces productives plus massives et plus colossales que
toutes les générations précédentes réunies**

meer massiewe en kolossale produktiewe kragte as al die
vorige geslagte saam

**Les forces de la nature sont soumises à la volonté de
l'homme et de ses machines**

Die natuur se kragte is onderwerp aan die wil van die mens en
sy masjinerie

**La chimie s'applique à toutes les formes d'industrie et à tous
les types d'agriculture**

Chemie word toegepas op alle vorme van nywerheid en soorte
landbou

**la navigation à vapeur, les chemins de fer, les télégraphes
électriques et l'imprimerie**

stoomnavigasie, spoorweë, elektriese telegrawe en die
drukpers

**défrichement de continents entiers pour la culture,
canalisation des rivières**

skoonmaak van hele vastelande vir verbouing, kanalisering
van riviere

**Des populations entières ont été extirpées du sol et mises au
travail**

Hele bevolkings is uit die grond getower en aan die werk gesit

**Quel siècle précédent avait ne serait-ce qu'un pressentiment
de ce qui pourrait être déchaîné ?**

Watter vroeëre eeu het selfs 'n voorgevoel gehad van wat
ontketen kon word?

**Qui aurait prédit que de telles forces productives
sommeillaient dans le giron du travail social ?**

Wie het voorspel dat sulke produktiewe kragte in die skoot
van sosiale arbeid sluimer?

**Nous voyons donc que les moyens de production et
d'échange ont été générés dans la société féodale**

Ons sien dan dat die produksie- en ruilmiddele in die feodale
samelewing gegenereer is

**les moyens de production sur la base desquels la
bourgeoisie s'est construite**

die produksiemiddele op wie se fondament die bourgeoisie
homself opgebou het

**À un certain stade du développement de ces moyens de
production et d'échange**

Op 'n sekere stadium in die ontwikkeling van hierdie
produksie- en ruilmiddele

**les conditions dans lesquelles la société féodale produisait et
échangeait**

Die omstandighede waaronder die feodale samelewing
geproduseer en uitgeruil het

**L'organisation féodale de l'agriculture et de l'industrie
manufacturière**

Die feodale organisasie van landbou en vervaardigingsbedryf

**Les rapports féodaux de propriété n'étaient plus compatibles
avec les conditions matérielles**

Die feodale verhoudings van eiendom was nie meer
versoenbaar met die materiële toestande nie

Ils devaient être brisés, alors ils ont été brisés

Hulle moes uitmekaar gebars word, so hulle is uitmekaar gebars

À leur place s'est ajoutée la libre concurrence des forces productives

In hul plek het vrye mededinging van die produktiewe kragte gestap

et ils étaient accompagnés d'une constitution sociale et politique adaptée à celle-ci

en hulle het gepaard gegaan met 'n sosiale en politieke grondwet wat daarby aangepas is

et elle s'accompagnait de l'emprise économique et politique de la classe bourgeoise

en dit het gepaard gegaan met die ekonomiese en politieke invloed van die bourgeoisieklas

Un mouvement similaire est en train de se produire sous nos yeux

'n Soortgelyke beweging is aan die gang voor ons eie oë

La société bourgeoise moderne avec ses rapports de production, d'échange et de propriété

Moderne bourgeoisie-samelewing met sy produksie-, ruil- en eiendomsverhoudinge

une société qui a inventé des moyens de production et d'échange aussi gigantesques

'n samelewing wat sulke reusagtige produksie- en ruilmiddele opgetower het

C'est comme le sorcier qui a invoqué les puissances de l'au-delà

Dit is soos die towenaar wat die magte van die onderwêreld opgeroep het

Mais il n'est plus capable de contrôler ce qu'il a mis au monde

maar hy is nie meer in staat om te beheer wat hy in die wêreld gebring het nie

Pendant de nombreuses décennies, l'histoire a été liée par un fil conducteur

Vir baie dekades was die geskiedenis van die verlede deur 'n gemeenskaplike draad saamgebind

L'histoire de l'industrie et du commerce n'a été que l'histoire des révoltes

Die geskiedenis van nywerheid en handel was maar net die geskiedenis van opstande

Les révoltes des forces productives modernes contre les conditions modernes de production

Die opstande van moderne produktiewe kragte teen moderne produksietoestande

Les révoltes des forces productives modernes contre les rapports de propriété

Die opstande van moderne produktiewe kragte teen eiendomsverhoudinge

ces rapports de propriété sont les conditions de l'existence de la bourgeoisie

hierdie eiendomsverhoudinge is die voorwaardes vir die bestaan van die bourgeoisie

et l'existence de la bourgeoisie détermine les règles des rapports de propriété

en die bestaan van die bourgeoisie bepaal die reëls vir eiendomsverhoudinge

Il suffit de mentionner le retour périodique des crises commerciales

Dit is genoeg om die periodieke terugkeer van kommersiële krisisse te noem

chaque crise commerciale est plus menaçante pour la société bourgeoise que la précédente

elke kommersiële krisis is meer bedreigend vir die bourgeoisie-samelewing as die vorige

Dans ces crises, une grande partie des produits existants sont détruits

In hierdie krisisse word 'n groot deel van die bestaande produkte vernietig

Mais ces crises détruisent aussi les forces productives créées précédemment

Maar hierdie krisisse vernietig ook die voorheen geskepte produktiewe kragte

Dans toutes les époques antérieures, ces épidémies auraient semblé une absurdité

In alle vroeëre tydperke sou hierdie epidemies 'n absurditeit gelyk het

parce que ces épidémies sont les crises commerciales de la surproduction

Omdat hierdie epidemies die kommersiële krisisse van oorproduksie is

La société se trouve soudain remise dans un état de barbarie momentanée

Die samelewing bevind hom skielik weer in 'n toestand van kortstondige barbaarsheid

comme si une guerre universelle de dévastation avait coupé tous les moyens de subsistance

asof 'n universele oorlog van verwoesting elke bestaansmiddel afgesny het

l'industrie et le commerce semblent avoir été détruits ; Et pourquoi ?

Dit lyk asof nywerheid en handel vernietig is; en hoekom?

Parce qu'il y a trop de civilisation et de moyens de subsistance

Omdat daar te veel beskawing en bestaansmiddele is

et parce qu'il y a trop d'industrie et trop de commerce

en omdat daar te veel nywerheid en te veel handel is

Les forces productives à la disposition de la société ne développent plus la propriété bourgeoise

Die produktiewe kragte tot die beskikking van die samelewing ontwikkel nie meer bourgeoisie-eiendom nie

au contraire, ils sont devenus trop puissants pour ces conditions, par lesquelles ils sont enchaînés

inteendeel, hulle het te magtig geword vir hierdie toestande, waardeur hulle vasgebind is

dès qu'ils surmontent ces entraves, ils mettent le désordre dans toute la société bourgeoise

sodra hulle hierdie boeie oorkom, bring hulle wanorde in die hele bourgeoisie-samelewing

et les forces productives mettent en danger l'existence de la propriété bourgeoise

en die produktiewe kragte stel die bestaan van bourgeoisie-eiendom in gevaar

Les conditions de la société bourgeoise sont trop étroites pour englober les richesses qu'elles créent

Die toestande van die bourgeoisie-samelewing is te eng om die rykdom wat daardeur geskep word, te omvat.

Et comment la bourgeoisie surmonte-t-elle ces crises ?

En hoe kom die bourgeoisie oor hierdie krisisse?

D'une part, elle surmonte ces crises par la destruction forcée d'une masse de forces productives

Aan die een kant oorkom dit hierdie krisisse deur die gedwonge vernietiging van 'n massa produktiewe kragte

D'autre part, elle surmonte ces crises par la conquête de nouveaux marchés

Aan die ander kant oorkom dit hierdie krisisse deur die verowering van nuwe markte

et elle surmonte ces crises par l'exploitation plus poussée des anciennes forces productives

en dit oorkom hierdie krisisse deur die deegliker uitbuiting van die ou produksiekragte

C'est-à-dire en ouvrant la voie à des crises plus étendues et plus destructrices

Dit wil sê deur die weg te baan vir meer uitgebreide en meer vernietigende krisisse

elle surmonte la crise en diminuant les moyens de prévention des crises

dit oorkom die krisis deur die middele te verminder waardeur krisisse voorkom word

Les armes avec lesquelles la bourgeoisie a abattu le féodalisme sont maintenant retournées contre elle-même

Die wapens waarmee die bourgeoisie feodalisme op die grond afgekap het, is nou teen homself gedraai

Mais non seulement la bourgeoisie a-t-elle forgé les armes qui lui apportent la mort

Maar nie net het die bourgeoisie die wapens gesmee wat die dood oor homself bring nie

Il a également appelé à l'existence les hommes qui doivent manier ces armes

dit het ook die manne wat daardie wapens moet swaai, tot stand gebring

Et ces hommes sont la classe ouvrière moderne ; Ce sont les prolétaires

en hierdie mans is die moderne werkersklas; hulle is die proletariërs

À mesure que la bourgeoisie se développe, le prolétariat se développe dans la même proportion

In dieselfde mate as die bourgeoisie ontwikkel word, word die proletariaat in dieselfde verhouding ontwikkel

La classe ouvrière moderne a développé une classe d'ouvriers

Die moderne werkersklas het 'n klas arbeiders ontwikkel

Cette classe d'ouvriers ne vit que tant qu'elle trouve du travail

Hierdie klas arbeiders leef net solank hulle werk kry

et ils ne trouvent de travail qu'aussi longtemps que leur travail augmente le capital

en hulle kry slegs werk solank hul arbeid kapitaal vermeerder

Ces ouvriers, qui doivent se vendre à la pièce, sont une marchandise

Hierdie arbeiders, wat hulself stuksgewys moet verkoop, is 'n kommoditeit

Ces ouvriers sont comme tous les autres articles de commerce

Hierdie arbeiders is soos elke ander handelsartikel

et, par conséquent, ils sont exposés à toutes les vicissitudes de la concurrence

en hulle word gevolglik blootgestel aan al die wisselvalligheid van mededinging

Ils doivent faire face à toutes les fluctuations du marché
hulle moet al die skommelinge van die mark deurstaan

En raison de l'utilisation intensive des machines et de la division du travail
As gevolg van die uitgebreide gebruik van masjinerie en arbeidsverdeling

Le travail des prolétaires a perdu tout caractère individuel
Die werk van die proletariërs het alle individuele karakter verloor

et, par conséquent, le travail des prolétaires a perdu tout charme pour l'ouvrier
en gevolglik het die werk van die proletariërs alle sjarme vir die werker verloor

Il devient un appendice de la machine, plutôt que l'homme qu'il était autrefois
Hy word 'n aanhangsel van die masjien, eerder as die man wat hy eens was

On n'exige de lui que l'habileté la plus simple, la plus monotone et la plus facile à acquérir
Slegs die eenvoudigste, eentonigste en maklikste vaardigheid word van hom vereis

Par conséquent, le coût de production d'un ouvrier est limité
Daarom is die produksiekoste van 'n werker beperk

elle se limite presque entièrement aux moyens de subsistance dont il a besoin pour son entretien
dit is byna geheel en al beperk tot die bestaansmiddele wat hy benodig vir sy onderhoud

et elle est limitée aux moyens de subsistance dont il a besoin pour la propagation de sa race
en dit is beperk tot die bestaansmiddele wat hy benodig vir die voortplanting van sy ras

Mais le prix d'une marchandise, et par conséquent aussi du travail, est égal à son coût de production
Maar die prys van 'n kommoditeit, en dus ook van arbeid, is gelyk aan sy produksiekoste

C'est pourquoi, à mesure que le travail répugnant augmente, le salaire diminue

In verhouding daarom, namate die afstootlikheid van die werk toeneem, daal die loon

Bien plus, le caractère répugnant de son travail augmente à un rythme encore plus grand

Nee, die afstootlikheid van sy werk neem selfs vinniger toe

À mesure que l'utilisation des machines et la division du travail augmentent, le fardeau du labeur augmente également

Namate die gebruik van masjinerie en arbeidsverdeling toeneem, neem die las van arbeid ook toe

La charge de travail est augmentée par la prolongation du temps de travail

Die las van swoeg word verhoog deur verlenging van die werksure

On attend plus de l'ouvrier dans le même temps qu'auparavant

meer word van die arbeider verwag in dieselfde tyd as voorheen

Et bien sûr, le poids du labeur est augmenté par la vitesse de la machine

en natuurlik word die las van die swoeg verhoog deur die spoed van die masjinerie

L'industrie moderne a transformé le petit atelier du maître patriarcal en la grande usine du capitaliste industriel

Die moderne nywerheid het die klein werkswinkel van die patriargale meester omskep in die groot fabriek van die industriële kapitalis

Des masses d'ouvriers, entassés dans l'usine, s'organisent comme des soldats

Massas arbeiders, saamgedrom in die fabriek, is soos soldate georganiseer

En tant que simples soldats de l'armée industrielle, ils sont placés sous le commandement d'une hiérarchie parfaite d'officiers et de sergents

As privaat van die industriële leër word hulle onder bevel geplaas van 'n perfekte hiërargie van offisiere en sersante

ils ne sont pas seulement les esclaves de la classe bourgeoise et de l'État

hulle is nie net die slawe van die bourgeoisieklas en staat nie

Mais ils sont aussi asservis quotidiennement et d'heure en heure par la machine

maar hulle word ook daagliks en uurliks deur die masjien verslaaf

ils sont asservis par le surveillant, et surtout par le fabricant bourgeois lui-même

hulle word verslaaf deur die toeskouer, en bowenal deur die individuele bourgeoisie-vervaardiger self

Plus ce despotisme proclame ouvertement que le gain est sa fin et son but, plus il est mesquin, plus haïssable et plus aigri

Hoe meer openlik hierdie despotisme verkondig dat wins sy doel en doel is, hoe meer kleinlik, hoe meer haatlik en hoe meer bitter is dit

Plus l'industrie moderne se développe, moins les différences entre les sexes sont grandes

hoe meer moderne nywerhede ontwikkel word, hoe minder is die verskille tussen die geslagte

Moins le travail manuel exige d'habileté et d'effort de force, plus le travail des hommes est supplanté par celui des femmes

Hoe minder die vaardigheid en kraginspanning wat in handearbeid geïmpliseer word, hoe meer word die arbeid van mans vervang deur dié van vroue

Les différences d'âge et de sexe n'ont plus de validité sociale distincte pour la classe ouvrière

Verskille in ouderdom en geslag het nie meer enige kenmerkende sosiale geldigheid vir die werkersklas nie

Tous sont des instruments de travail, plus ou moins coûteux à utiliser, selon leur âge et leur sexe

Almal is arbeidsinstrumente, min of meer duur om te gebruik, volgens hul ouderdom en geslag

dès que l'ouvrier reçoit son salaire en espèces, il est attaqué par les autres parties de la bourgeoisie

sodra die arbeider sy loon in kontant ontvang, word hy deur die ander dele van die bourgeoisie aangepak

le propriétaire, le commerçant, le prêteur sur gages, etc

die verhuurder, die winkelier, die pandjiesmakelaar, ens

Les couches inférieures de la classe moyenne ; les petits commerçants et les commerçants

Die laer lae van die middelklas; die klein ambagsmanne en winkeliers

les commerçants retraités en général, et les artisans et les paysans

die afgetrede ambagsmanne in die algemeen, en die vakmanne en boere

tout cela s'enfonce peu à peu dans le prolétariat

al hierdie sink geleidelik in die proletariaat

en partie parce que leur petit capital ne suffit pas à l'échelle sur laquelle l'industrie moderne est exercée

deels omdat hul klein kapitaal nie voldoende is vir die skaal waarop die moderne nywerheid bedryf word nie

et parce qu'elle est submergée par la concurrence avec les grands capitalistes

en omdat dit oorweldig is in die mededinging met die groot kapitaliste

en partie parce que leur savoir-faire spécialisé est rendu sans valeur par les nouvelles méthodes de production

deels omdat hul gespesialiseerde vaardigheid waardeloos gemaak word deur die nuwe produksiemetodes

Ainsi le prolétariat se recrute dans toutes les classes de la population

So word die proletariaat uit alle klasse van die bevolking gewerf

Le prolétariat passe par différents stades de développement

Die proletariaat gaan deur verskeie stadiums van ontwikkeling

Avec sa naissance commence sa lutte contre la bourgeoisie

Met sy geboorte begin sy stryd met die bourgeoisie

Dans un premier temps, la lutte est menée par des ouvriers individuels

Aanvanklik word die wedstryd deur individuele arbeiders gevoer

Ensuite, le concours est mené par les ouvriers d'une usine

Dan word die wedstryd deur die werkers van 'n fabriek gevoer

Ensuite, la lutte est menée par les agents d'un métier, dans une localité

dan word die wedstryd gevoer deur die operateurs van een ambag, op een plek

et la lutte est alors contre la bourgeoisie individuelle qui les exploite directement

en die stryd is dan teen die individuele bourgeoisie wat hulle direk uitbuit

Ils ne dirigent pas leurs attaques contre les conditions de production de la bourgeoisie

Hulle rig hul aanvalle nie teen die produksietoestande van die bourgeoisie nie

mais ils dirigent leur attaque contre les instruments de production eux-mêmes

maar hulle rig hul aanval teen die produksie-instrumente self

Ils détruisent les marchandises importées qui font concurrence à leur main-d'œuvre

hulle vernietig ingevoerde ware wat met hul arbeid meeding

Ils brisent les machines et mettent le feu aux usines

hulle breek masjinerie stukkend en hulle steek fabrieke aan die brand

ils cherchent à restaurer par la force le statut disparu de l'ouvrier du Moyen Âge

hulle poog om die verdwynde status van die werker van die Middeleeue met geweld te herstel

À ce stade, les ouvriers forment encore une masse incohérente dispersée dans tout le pays

Op hierdie stadium vorm die arbeiders steeds 'n onsamehangende massa wat oor die hele land versprei is

et ils sont brisés par leur concurrence mutuelle

en hulle word verbreek deur hul wedersydse mededinging

S'ils s'unissent quelque part pour former des corps plus compacts, ce n'est pas encore la conséquence de leur propre union active

As hulle êrens verenig om meer kompakte liggame te vorm, is dit nog nie die gevolg van hul eie aktiewe vereniging nie

mais c'est une conséquence de l'union de la bourgeoisie, d'atteindre ses propres fins politiques

maar dit is 'n gevolg van die vereniging van die bourgeoisie, om sy eie politieke doelwitte te bereik

la bourgeoisie est obligée de mettre en mouvement tout le prolétariat

die bourgeoisie is verplig om die hele proletariaat aan die gang te sit

et d'ailleurs, pour un temps, la bourgeoisie est capable de le faire

en boonop is die bourgeoisie vir 'n tyd in staat om dit te doen

À ce stade, les prolétaires ne combattent donc pas leurs ennemis

Op hierdie stadium veg die proletariërs dus nie teen hul vyande nie

mais au lieu de cela, ils combattent les ennemis de leurs ennemis

maar in plaas daarvan veg hulle teen die vyande van hul vyande

La lutte contre les vestiges de la monarchie absolue et les propriétaires terriens

Die stryd teen die oorblyfsels van die absolute monargie en die grondeienaars

ils combattent la bourgeoisie non industrielle ; la petite bourgeoisie

hulle veg teen die nie-industriële bourgeoisie; die kleinburgery

Ainsi tout le mouvement historique est concentré entre les mains de la bourgeoisie

Die hele historiese beweging is dus in die hande van die bourgeoisie gekonsentreer

chaque victoire ainsi obtenue est une victoire pour la bourgeoisie

elke oorwinning wat so behaal word, is 'n oorwinning vir die bourgeoisie

Mais avec le développement de l'industrie, le prolétariat ne se contente pas d'augmenter en nombre

Maar met die ontwikkeling van die nywerheid neem die proletariaat nie net toe nie

le prolétariat se concentre en masses plus grandes et sa force s'accroît

die proletariaat word in groter massas gekonsentreer en sy krag groei

et le prolétariat ressent de plus en plus cette force

en die proletariaat voel daardie krag meer en meer

Les divers intérêts et conditions de vie dans les rangs du prolétariat sont de plus en plus égalisés

Die verskillende belange en lewensomstandighede binne die geledere van die proletariaat word al hoe meer gelyk gemaak

elles deviennent plus proportionnelles à mesure que les machines effacent toutes les distinctions de travail

hulle word meer in verhouding namate masjinerie alle onderskeidings van arbeid uitwis

et les machines réduisent presque partout les salaires au même bas niveau

en masjinerie byna oral verlaag lone tot dieselfde lae vlak

La concurrence croissante entre la bourgeoisie et les crises commerciales qui en résultent rendent les salaires des ouvriers de plus en plus fluctuants

Die groeiende mededinging onder die bourgeoisie, en die gevolglike kommersiële krisisse, maak die lone van die werkers al hoe meer wisselend

L'amélioration incessante des machines, qui se développe de plus en plus rapidement, rend leurs moyens d'existence de plus en plus précaires

Die onophoudelike verbetering van masjinerie, wat al hoe vinniger ontwikkel, maak hul bestaan al hoe meer onseker

les collisions entre les ouvriers individuels et la bourgeoisie individuelle prennent de plus en plus le caractère de collisions entre deux classes

die botsings tussen individuele werkers en individuele bourgeoisie neem meer en meer die karakter van botsings tussen twee klasse aan

Là-dessus, les ouvriers commencent à former des associations (syndicats) contre la bourgeoisie

Daarna begin die werkers kombinasies (vakbonde) teen die bourgeoisie vorm

Ils s'associent pour maintenir le taux des salaires

hulle klub saam om die loonkoers te handhaaf

Ils fondèrent des associations permanentes afin de pourvoir à l'avance à ces révoltes occasionnelles

hulle het permanente verenigings gevind om vooraf voorsiening te maak vir hierdie af en toe opstande

Ici et là, la lutte éclate en émeutes

Hier en daar breek die wedstryd uit in onluste

De temps en temps, les ouvriers sont victorieux, mais seulement pour un temps

Nou en dan seëvier die werkers, maar net vir 'n tyd

Le vrai fruit de leurs luttes n'est pas dans le résultat immédiat, mais dans l'union toujours plus grande des travailleurs

Die werklike vrug van hul gevegte lê nie in die onmiddellike resultaat nie, maar in die steeds groeiende vakbond van die werkers

Cette union est favorisée par les moyens de communication améliorés créés par l'industrie moderne

Hierdie vakbond word aangehelp deur die verbeterde kommunikasiemiddele wat deur die moderne nywerheid geskep word

La communication moderne met en contact les travailleurs de différentes localités les uns avec les autres

Moderne kommunikasie plaas die werkers van verskillende plekke in kontak met mekaar

C'était précisément ce contact qui était nécessaire pour centraliser les nombreuses luttes locales en une lutte nationale entre les classes

Dit was juis hierdie kontak wat nodig was om die talle plaaslike stryd in een nasionale stryd tussen klasse te sentraliseer

Toutes ces luttes sont du même caractère, et toute lutte de classe est une lutte politique

Al hierdie stryd is van dieselfde karakter, en elke klassestryd is 'n politieke stryd

les bourgeois du moyen âge, avec leurs misérables routes, mettaient des siècles à former leurs syndicats

die burgers van die Middeleeue, met hul ellendige snelweë, het eeue nodig gehad om hul vakbonde te vorm

Les prolétaires modernes, grâce aux chemins de fer, réalisent leurs syndicats en quelques années

Die moderne proletariërs bereik, danksy spoorweë, hul vakbonde binne 'n paar jaar

Cette organisation des prolétaires en classe les a donc formés en parti politique

Hierdie organisasie van die proletariërs in 'n klas het hulle gevolglik in 'n politieke party gevorm

La classe politique est continuellement bouleversée par la concurrence entre les travailleurs eux-mêmes

Die politieke klas word voortdurend weer ontsteld deur die mededinging tussen die werkers self

Mais la classe politique continue de se soulever, plus forte, plus ferme, plus puissante

Maar die politieke klas gaan voort om weer op te staan, sterker, fermer, magtiger

Elle oblige la législation à reconnaître les intérêts particuliers des travailleurs

Dit dwing wetgewende erkenning van spesifieke belange van die werkers af

il le fait en profitant des divisions au sein de la bourgeoisie elle-même

dit doen dit deur voordeel te trek uit die verdeeldheid onder die bourgeoisie self

C'est ainsi qu'en Angleterre fut promulguée la loi sur les dix heures

So is die tien-uur-wetsontwerp in Engeland in wet gestel

à bien des égards, les collisions entre les classes de l'ancienne société sont en outre le cours du développement du prolétariat

in baie opsigte is die botsings tussen die klasse van die ou samelewing verder die verloop van ontwikkeling van die proletariaat

La bourgeoisie se trouve engagée dans une bataille de tous les instants

Die bourgeoisie bevind hom in 'n voortdurende stryd

Dans un premier temps, il se trouvera impliqué dans une bataille constante avec l'aristocratie

Aanvanklik sal dit in 'n voortdurende stryd met die aristokrasie betrokke wees

plus tard, elle se trouvera engagée dans une lutte constante avec ces parties de la bourgeoisie elle-même

later sal dit homself in 'n voortdurende stryd met daardie dele van die bourgeoisie self bevind

et leurs intérêts seront devenus antagonistes au progrès de l'industrie

en hul belange sal antagonisties geword het met die vooruitgang van die nywerheid

à tout moment, leurs intérêts seront devenus antagonistes avec la bourgeoisie des pays étrangers

te alle tye sal hul belange antagonisties geraak het met die bourgeoisie van die buiteland

Dans toutes ces batailles, elle se voit obligée de faire appel au prolétariat et lui demande son aide

In al hierdie gevegte sien hy homself verplig om 'n beroep op die proletariaat te doen en vra sy hulp

Et ainsi, il se sentira obligé de l'entraîner dans l'arène politique

en dus sal dit verplig voel om dit in die politieke arena in te sleep

C'est pourquoi la bourgeoisie elle-même fournit au prolétariat ses propres instruments d'éducation politique et générale

Die bourgeoisie self voorsien dus die proletariaat van sy eie instrumente van politieke en algemene opvoeding

c'est-à-dire qu'il fournit au prolétariat des armes pour combattre la bourgeoisie

met ander woorde, dit voorsien die proletariaat van wapens om die bourgeoisie te beveg

De plus, comme nous l'avons déjà vu, des sections entières des classes dominantes sont précipitées dans le prolétariat

Verder, soos ons reeds gesien het, word hele dele van die heersende klasse in die proletariaat neergeslaan

le progrès de l'industrie les aspire dans le prolétariat

die vooruitgang van die nywerheid suig hulle in die proletariaat in

ou, du moins, ils sont menacés dans leurs conditions d'existence

of, ten minste, hulle word bedreig in hul bestaansomstandighede

Ceux-ci fournissent également au prolétariat de nouveaux éléments d'illumination et de progrès

Dit voorsien ook die proletariaat van vars elemente van verligting en vooruitgang

Enfin, à l'approche de l'heure décisive de la lutte des classes

Uiteindelik, in tye wanneer die klassestryd die beslissende uur nader

le processus de dissolution en cours au sein de la classe dirigeante

die proses van ontbinding wat binne die heersersklas aan die gang is

En fait, la dissolution en cours au sein de la classe dirigeante se fera sentir dans toute la société

trouens, die ontbinding wat binne die heersersklas plaasvind, sal binne die hele omvang van die samelewing gevoel word

Il prendra un caractère si violent et si flagrant qu'une petite partie de la classe dirigeante se laissera aller à la dérive

dit sal so 'n gewelddadige, opvallende karakter aanneem dat 'n klein deel van die heersersklas homself wegdryf

et que la classe dirigeante rejoindra la classe révolutionnaire

en dat die heersersklas by die revolusionêre klas sal aansluit

La classe révolutionnaire étant la classe qui tient l'avenir entre ses mains

die revolusionêre klas is die klas wat die toekoms in sy hande hou

Comme à une époque antérieure, une partie de la noblesse passa dans la bourgeoisie

Net soos in 'n vroeëre tydperk, het 'n deel van die adel na die bourgeoisie oorgegaan

de la même manière qu'une partie de la bourgeoisie passera au prolétariat

op dieselfde manier sal 'n deel van die bourgeoisie na die proletariaat oorgaan

en particulier, une partie de la bourgeoisie passera à une partie des idéologues de la bourgeoisie

in die besonder sal 'n gedeelte van die bourgeoisie na 'n gedeelte van die bourgeoisie-ideoloë oorgaan

Des idéologues bourgeois qui se sont élevés au niveau de la compréhension théorique du mouvement historique dans son ensemble

Bourgeoisie-ideoloë wat hulself verhef het tot die vlak om die historiese beweging as geheel teoreties te begryp

De toutes les classes qui se trouvent aujourd'hui en face de la bourgeoisie, seule le prolétariat est une classe vraiment révolutionnaire

Van al die klasse wat vandag van aangesig tot aangesig met die bourgeoisie staan, is die proletariaat alleen 'n werklik revolusionêre klas

Les autres classes se dégradent et finissent par disparaître devant l'industrie moderne

Die ander klasse verval en verdwyn uiteindelik in die aangesig van die moderne nywerheid

le prolétariat est son produit spécial et essentiel

die Proletariat is sy spesiale en noodsaaklike produk

La petite bourgeoisie, le petit industriel, le commerçant, l'artisan, le paysan

Die laer middelklas, die klein vervaardiger, die winkelier, die ambagsman, die

toutes ces luttes contre la bourgeoisie

al hierdie veg teen die bourgeoisie

Ils se battent en tant que fractions de la classe moyenne pour se sauver de l'extinction

hulle veg as fraksies van die middelklas om hulself van uitwissing te red

Ils ne sont donc pas révolutionnaires, mais conservateurs

Hulle is dus nie revolusionêr nie, maar konserwatief

Bien plus, ils sont réactionnaires, car ils essaient de faire reculer la roue de l'histoire

Nee, hulle is reaksionêr, want hulle probeer die wiel van die geskiedenis terugrol

Si par hasard ils sont révolutionnaires, ils ne le sont qu'en vue de leur transfert imminent dans le prolétariat

As hulle toevallig revolusionêr is, is hulle dit slegs in die lig van hul naderende oorplasing na die proletariaat

Ils défendent ainsi non pas leurs intérêts présents, mais leurs intérêts futurs

hulle verdedig dus nie hul hede nie, maar hul toekomstige belange

ils désertent leur propre point de vue pour se placer à celui du prolétariat

hulle verlaat hul eie standpunt om hulself by dié van die proletariaat te plaas

La « classe dangereuse », la racaille sociale, cette masse en décomposition passive rejetée par les couches les plus basses de la vieille société

Die 'gevaarlike klas', die sosiale skuim, daardie passief verrottende massa wat deur die laagste lae van die ou samelewing afgegooi word

Ils peuvent, ici et là, être entraînés dans le mouvement par une révolution prolétarienne

hulle kan hier en daar deur 'n proletariese rewolusie in die beweging meegesleur word

Ses conditions de vie, cependant, le préparent beaucoup plus au rôle d'instrument soudoyé de l'intrigue réactionnaire

sy lewensomstandighede berei dit egter baie meer voor vir die rol van 'n omkoopinstrument van reaksionêre intrige

Dans les conditions du prolétariat, ceux de l'ancienne société dans son ensemble sont déjà virtuellement submergés

In die omstandighede van die proletariaat is dié van die ou samelewing in die algemeen reeds feitlik oorweldig

Le prolétaire est sans propriété

Die proletariër is sonder eiendom

ses rapports avec sa femme et ses enfants n'ont plus rien de commun avec les relations familiales de la bourgeoisie

sy verhouding met sy vrou en kinders het niks meer gemeen met die Bourgeoisie se familieverhoudinge nie

le travail industriel moderne, la sujétion moderne au capital, la même en Angleterre qu'en France, en Amérique comme en Allemagne

moderne industriële arbeid, moderne onderdanigheid aan kapitaal, dieselfde in Engeland as in Frankryk, in Amerika as in Duitsland

Sa condition dans la société l'a dépouillé de toute trace de caractère national

Sy toestand in die samelewing het hom van elke spoor van nasionale karakter gestroop

La loi, la morale, la religion, sont pour lui autant de préjugés bourgeois

Wet, moraliteit, godsdiens is vir hom soveel vooroordele van die bourgeoisie

et derrière ces préjugés se cachent en embuscade autant d'intérêts bourgeois

en agter hierdie vooroordele skuil in 'n hinderlaag net soos baie bourgeoisie-belange

Toutes les classes précédentes, qui ont pris le dessus, ont cherché à fortifier leur statut déjà acquis

Al die voorafgaande klasse wat die oorhand gekry het, het probeer om hul reeds verworwe status te versterk

Ils l'ont fait en soumettant la société dans son ensemble à leurs conditions d'appropriation

hulle het dit gedoen deur die samelewing in die algemeen aan hul voorwaardes van toe-eiening te onderwerp

Les prolétaires ne peuvent pas devenir maîtres des forces productives de la société

Die proletariërs kan nie meesters word van die produktiewe kragte van die samelewing nie

elle ne peut le faire qu'en abolissant son propre mode d'appropriation antérieur

dit kan slegs gedoen word deur hul eie vorige manier van toe-eiening af te skaf

et par là même elle abolit tout autre mode d'appropriation antérieur

en daardeur skaf dit ook elke ander vorige manier van toe-eiening af

Ils n'ont rien à eux pour s'assurer et se fortifier

Hulle het niks van hul eie om te beveilig en te versterk nie

Leur mission est de détruire toutes les sûretés antérieures et les assurances de biens individuels

hul missie is om alle vorige sekuriteite vir en versekering van individuele eiendom te vernietig

Tous les mouvements historiques antérieurs étaient des mouvements de minorités

Alle vorige historiese bewegings was bewegings van minderhede

ou bien il s'agissait de mouvements dans l'intérêt des minorités

of dit was bewegings in belang van minderhede

Le mouvement prolétarien est le mouvement conscient et indépendant de l'immense majorité

Die proletariese beweging is die selfbewuste, onafhanklike beweging van die oorgrote meerderheid

Et c'est un mouvement dans l'intérêt de l'immense majorité

en dit is 'n beweging in die belang van die oorgrote meerderheid

Le prolétariat, couche la plus basse de notre société actuelle

Die proletariaat, die laagste laag van ons huidige samelewing

elle ne peut ni s'agiter ni s'élever sans que toutes les couches supérieures de la société officielle ne soient soulevées en l'air

dit kan homself nie roer of verhef sonder dat die hele bekleërende lae van die amptelike samelewing in die lug spring nie

Loin d'être dans le fond, mais dans la forme, la lutte du prolétariat contre la bourgeoisie est d'abord une lutte nationale

Alhoewel dit nie in wese is nie, is die stryd van die proletariaat met die bourgeoisie aanvanklik 'n nasionale stryd

Le prolétariat de chaque pays doit, bien entendu, régler d'abord ses affaires avec sa propre bourgeoisie

Die proletariaat van elke land moet natuurlik eerstens sake met sy eie bourgeoisie afhandel

En décrivant les phases les plus générales du développement du prolétariat, nous avons retracé la guerre civile plus ou moins voilée

Deur die mees algemene fases van die ontwikkeling van die proletariaat uit te beeld, het ons die min of meer bedekte burgeroorlog opgespoor

Ce civil fait rage au sein de la société existante

Hierdie burgerlike woed binne die bestaande samelewing

Elle fera rage jusqu'au point où cette guerre éclatera en révolution ouverte

dit sal woed tot op die punt waar daardie oorlog in 'n openlike rewolusie uitbreek

et alors le renversement violent de la bourgeoisie jette les bases de l'emprise du prolétariat

en dan lê die gewelddadige omverwerping van die bourgeoisie die grondslag vir die heerskappy van die proletariaat

Jusqu'à présent, toute forme de société a été fondée, comme nous l'avons déjà vu, sur l'antagonisme des classes oppressives et opprimées

Tot dusver was elke vorm van samelewing, soos ons reeds gesien het, gebaseer op die antagonisme van onderdrukkende en onderdrukte klasse

Mais pour opprimer une classe, il faut lui assurer certaines conditions

Maar om 'n klas te onderdruk, moet sekere voorwaardes daaraan verseker word

La classe doit être maintenue dans des conditions dans lesquelles elle peut, au moins, continuer son existence servile

die klas moet onder omstandighede gehou word waarin dit ten minste sy slaafse bestaan kan voortsit

Le serf, à l'époque du servage, s'élevait lui-même au rang d'adhérent à la commune

Die slawe het homself in die tydperk van slawerny tot lidmaatskap van die gemeente verhef

de même que la petite bourgeoisie, sous le joug de l'absolutisme féodal, a réussi à se développer en bourgeoisie

net soos die kleinburgery, onder die juk van feodale absolutisme, daarin geslaag het om tot 'n bourgeoisie te ontwikkel

L'ouvrier moderne, au contraire, au lieu de s'élever avec les progrès de l'industrie, s'enfonce de plus en plus profondément

Die moderne arbeider, inteendeel, in plaas daarvan om met die vooruitgang van die nywerheid te styg, sink dieper en dieper

il s'enfonce au-dessous des conditions d'existence de sa propre classe

hy sink onder die bestaansvoorwaardes van sy eie klas

Il devient pauvre, et le paupérisme se développe plus rapidement que la population et la richesse

Hy word 'n armes, en pauperisme ontwikkel vinniger as bevolking en rykdom

Et c'est là qu'il devient évident que la bourgeoisie n'est plus apte à être la classe dominante dans la société

En hier word dit duidelik dat die bourgeoisie nie meer geskik is om die heersersklas in die samelewing te wees nie

et elle n'est pas digne d'imposer ses conditions d'existence à la société comme une loi prépondérante

en dit is ongeskik om sy bestaansvoorwaardes op die samelewing af te dwing as 'n oorheersende wet

Il est inapte à gouverner parce qu'il est incompétent pour assurer une existence à son esclave dans son esclavage

Dit is ongeskik om te regeer omdat dit onbevoeg is om 'n bestaan aan sy slaaf binne sy slawerny te verseker

parce qu'il ne peut s'empêcher de le laisser sombrer dans un tel état, qu'il doit le nourrir, au lieu d'être nourri par lui

want dit kan nie help om hom in so 'n toestand te laat wegsink nie, dat dit hom moet voed, in plaas daarvan om deur hom gevoed te word

La société ne peut plus vivre sous cette bourgeoisie

Die samelewing kan nie meer onder hierdie bourgeoisie leef nie

En d'autres termes, son existence n'est plus compatible avec la société

Met ander woorde, die bestaan daarvan is nie meer versoenbaar met die samelewing nie

La condition essentielle de l'existence et de l'influence de la classe bourgeoise est la formation et l'accroissement du capital

Die wesenlike voorwaarde vir die bestaan en vir die heerskappy van die bourgeoisieklas is die vorming en vermeerdering van kapitaal

La condition du capital, c'est le salariat-travail

Die voorwaarde vir kapitaal is loonarbeid

Le travail salarié repose exclusivement sur la concurrence entre les travailleurs

Loonarbeid berus uitsluitlik op mededinging tussen die arbeiders

Le progrès de l'industrie, dont le promoteur involontaire est la bourgeoisie, remplace l'isolement des ouvriers

Die vooruitgang van die nywerheid, wie se onwillekeurige promotor die bourgeoisie is, vervang die isolasie van die arbeiders

en raison de la concurrence, en raison de leur combinaison révolutionnaire, en raison de l'association

as gevolg van mededinging, as gevolg van hul revolusionêre kombinasie, as gevolg van assosiasie

Le développement de l'industrie moderne lui coupe sous les pieds les fondements mêmes sur lesquels la bourgeoisie produit et s'approprie les produits

Die ontwikkeling van die moderne nywerheid sny die fondament waarop die bourgeoisie produkte produseer en toeëien onder sy voete af

Ce que la bourgeoisie produit avant tout, ce sont ses propres fossoyeurs

Wat die bourgeoisie produseer, is bowenal sy eie grafdelwers

La chute de la bourgeoisie et la victoire du prolétariat sont également inévitables

Die val van die bourgeoisie en die oorwinning van die proletariaat is ewe onvermydelik

Prolétaires et communistes
Proletariërs en kommuniste

Quel est le rapport des communistes vis-à-vis de l'ensemble des prolétaires ?

In watter verhouding staan die Kommuniste tot die proletariërs as geheel?

Les communistes ne forment pas un parti séparé opposé aux autres partis de la classe ouvrière

Die Kommuniste vorm nie 'n aparte party wat teen ander werkersklaspartye gekant is nie

Ils n'ont pas d'intérêts séparés de ceux du prolétariat dans son ensemble

Hulle het geen belange apart en apart van dié van die proletariaat as geheel nie

Ils n'établissent pas de principes sectaires qui leur soient propres pour façonner et modeler le mouvement prolétarien

Hulle stel geen sektariese beginsels van hul eie op om die proletariese beweging te vorm en te vorm nie

Les communistes ne se distinguent des autres partis ouvriers que par deux choses

Die Kommuniste onderskei slegs twee dinge van die ander werkersklaspartye

Premièrement, ils signalent et mettent en avant les intérêts communs de l'ensemble du prolétariat, indépendamment de toute nationalité

Eerstens wys hulle die gemeenskaplike belange van die hele proletariaat, onafhanklik van alle nasionaliteit, na vore

C'est ce qu'ils font dans les luttes nationales des prolétaires des différents pays

Dit doen hulle in die nasionale stryd van die proletariërs van die verskillende lande

Deuxièmement, ils représentent toujours et partout les intérêts du mouvement dans son ensemble

Tweedens verteenwoordig hulle altyd en oral die belange van die beweging as geheel

c'est ce qu'ils font dans les différents stades de développement par lesquels doit passer la lutte de la classe ouvrière contre la bourgeoisie

dit doen hulle in die verskillende stadiums van ontwikkeling, waardeur die stryd van die werkersklas teen die bourgeoisie moet gaan

Les communistes sont donc, d'une part, pratiquement, la section la plus avancée et la plus résolue des partis ouvriers de tous les pays

Die Kommuniste is dus aan die een kant, feitlik, die mees gevorderde en vasberade deel van die werkersklaspartye van elke land

Ils sont cette section de la classe ouvrière qui pousse en avant toutes les autres

hulle is daardie deel van die werkersklas wat alle ander vorentoe stoot

Théoriquement, ils ont aussi l'avantage de bien comprendre la ligne de marche

Teoreties het hulle ook die voordeel dat hulle die marslyn duidelik verstaan

C'est ce qu'ils comprennent mieux par rapport à la grande masse du prolétariat

Dit verstaan hulle beter in vergelyking met die groot massa van die proletariaat

Ils comprennent les conditions et les résultats généraux ultimes du mouvement prolétarien

Hulle verstaan die toestande en die uiteindelike algemene resultate van die proletariese beweging

Le but immédiat du Parti communiste est le même que celui de tous les autres partis prolétariens

Die onmiddellike doel van die Kommunistiese is dieselfde as dié van al die ander proletariese partye

Leur but est la formation du prolétariat en classe

Hulle doel is die vorming van die proletariaat in 'n klas

ils visent à renverser la suprématie de la bourgeoisie

hulle poog om die oppergesag van die bourgeoisie omver te werp

la conquête du pouvoir politique par le prolétariat

die strewe na die verowering van politieke mag deur die proletariaat

Les conclusions théoriques des communistes ne sont nullement basées sur des idées ou des principes de réformateurs

Die teoretiese gevolgtrekkings van die Kommuniste is geensins gebaseer op idees of beginsels van hervormers nie

ce ne sont pas des prétendus réformateurs universels qui ont inventé ou découvert les conclusions théoriques des communistes

dit was nie voornemende universele hervormers wat die teoretiese gevolgtrekkings van die Kommuniste uitgevind of ontdek het nie

Ils ne font qu'exprimer, en termes généraux, des rapports réels qui naissent d'une lutte de classe existante

Hulle druk bloot in algemene terme werklike verhoudings uit wat uit 'n bestaande klassestryd spruit

Et ils décrivent le mouvement historique qui se déroule sous nos yeux et qui a créé cette lutte des classes

en hulle beskryf die historiese beweging wat onder ons oë aan die gang is wat hierdie klassestryd geskep het

L'abolition des rapports de propriété existants n'est pas du tout un trait distinctif du communisme

Die afskaffing van bestaande eiendomsverhoudinge is glad nie 'n kenmerkende kenmerk van kommunisme nie

Dans le passé, toutes les relations de propriété ont été continuellement sujettes à des changements historiques

Alle eiendomsverhoudinge in die verlede was voortdurend onderhewig aan historiese verandering

et ces changements ont été consécutifs au changement des conditions historiques

en hierdie veranderinge was die gevolg van die verandering in historiese toestande

La Révolution française, par exemple, a aboli la propriété
féodale au profit de la propriété bourgeoise

Die Franse Revolusie het byvoorbeeld feodale eiendom
afgeskaf ten gunste van bourgeoisie-eiendom

Le trait distinctif du communisme n'est pas l'abolition de la
propriété, en général

Die onderskeidende kenmerk van kommunisme is nie die
afskaffing van eiendom oor die algemeen nie

mais le trait distinctif du communisme, c'est l'abolition de la
propriété bourgeoise

maar die onderskeidende kenmerk van kommunisme is die
afskaffing van bourgeoisie-eiendom

Mais la propriété privée de la bourgeoisie moderne est
l'expression ultime et la plus complète du système de
production et d'appropriation des produits

Maar die moderne bourgeoisie se private eiendom is die finale
en mees volledige uitdrukking van die stelsel van die
vervaardiging en toe-eiening van produkte

C'est l'état final d'un système basé sur les antagonismes de
classe, où l'antagonisme de classe est l'exploitation du plus
grand nombre par quelques-uns

Dit is die finale toestand van 'n stelsel wat gebaseer is op
klasse-antagonismes, waar klasse-antagonisme die uitbuiting van
van die baie deur die min is

En ce sens, la théorie des communistes peut se résumer en
une seule phrase ; l'abolition de la propriété privée

In hierdie sin kan die teorie van die Kommuniste in die enkele
sin opgesom word; die afskaffing van privaat eiendom

On nous a reproché, à nous communistes, de vouloir abolir
le droit d'acquérir personnellement des biens

Ons kommuniste is verwyt oor die begeerte om die reg om
eiendom persoonlik te bekom af te skaf

On prétend que cette propriété est le fruit du travail de
l'homme

Daar word beweer dat hierdie eiendom die vrug van 'n man se
eie arbeid is

et cette propriété est censée être le fondement de toute liberté, de toute activité et de toute indépendance individuelles.

en hierdie eiendom is na bewering die grondslag van alle persoonlike vryheid, aktiwiteit en onafhanklikheid.

« Propriété durement gagnée, auto-acquise, auto-gagnée ! »

"Swaarwonne, selfverworwe, selfverdiende eiendom!"

Voulez-vous dire la propriété du petit artisan et du petit paysan ?

Bedoel jy die eiendom van die klein ambagsman en van die kleinboer?

Voulez-vous parler d'une forme de propriété qui a précédé la forme bourgeoise ?

Bedoel jy 'n vorm van eiendom wat die bourgeoisie-vorm voorafgegaan het?

Il n'est pas nécessaire de l'abolir, le développement de l'industrie l'a déjà détruit dans une large mesure

Dit is nie nodig om dit af te skaf nie, die ontwikkeling van die nywerheid het dit reeds tot 'n groot mate vernietig

et le développement de l'industrie continue de la détruire chaque jour

en die ontwikkeling van die nywerheid vernietig dit steeds daagliks

Ou voulez-vous parler de la propriété privée de la bourgeoisie moderne ?

Of bedoel jy moderne bourgeoisie private eiendom?

Mais le travail salarié crée-t-il une propriété pour l'ouvrier ?

Maar skep loonarbeid enige eiendom vir die arbeider?

Non, le travail salarié ne crée pas une parcelle de ce genre de propriété !

Nee, loonarbeid skep nie 'n bietjie van hierdie soort eiendom nie!

Ce que le travail salarié crée, c'est du capital ; ce genre de propriété qui exploite le travail salarié

wat loonarbeid wel skep, is kapitaal; daardie soort eiendom wat loonarbeid uitbuit

Le capital ne peut s'accroître qu'à la condition d'engendrer une nouvelle offre de travail salarié pour une nouvelle exploitation

kapitaal kan nie toeneem nie, behalwe op voorwaarde dat 'n nuwe aanbod van loonarbeid vir nuwe uitbuiting verwek word

La propriété, dans sa forme actuelle, est fondée sur l'antagonisme du capital et du salariat

Eiendom, in sy huidige vorm, is gebaseer op die antagonisme van kapitaal en loonarbeid

Examinons les deux côtés de cet antagonisme

Kom ons ondersoek beide kante van hierdie antagonisme

Être capitaliste, ce n'est pas seulement avoir un statut purement personnel

Om 'n kapitalis te wees, is om nie net 'n suiwer persoonlike status te hê nie

Au contraire, être capitaliste, c'est aussi avoir un statut social dans la production

in plaas daarvan, om 'n kapitalis te wees, is ook om 'n sosiale status in produksie te hê

parce que le capital est un produit collectif ; Ce n'est que par l'action unie de nombreux membres qu'elle peut être mise en branle

omdat kapitaal 'n kollektiewe produk is; Slegs deur die verenigde optrede van baie lede kan dit aan die gang gesit word

Mais cette action unie n'est qu'un dernier recours, et nécessite en fait tous les membres de la société

Maar hierdie verenigde optrede is 'n laaste uitweg, en vereis eintlik alle lede van die samelewing

Le capital est converti en propriété de tous les membres de la société

Kapitaal word wel omskep in die eiendom van alle lede van die samelewing

mais le Capital n'est donc pas une puissance personnelle ; c'est un pouvoir social

maar kapitaal is dus nie 'n persoonlike mag nie; dit is 'n sosiale mag

Ainsi, lorsque le capital est converti en propriété sociale, la propriété personnelle n'est pas pour autant transformée en propriété sociale

Wanneer kapitaal dus in sosiale eiendom omskep word, word persoonlike eiendom nie daardeur in sosiale eiendom omskep nie

Ce n'est que le caractère social de la propriété qui est modifié et qui perd son caractère de classe

Dit is slegs die sosiale karakter van die eiendom wat verander word en sy klaskarakter verloor

Regardons maintenant le travail salarié

Kom ons kyk nou na loonarbeid

Le prix moyen du salariat est le salaire minimum, c'est-à-dire le quantum des moyens de subsistance

Die gemiddelde prys van loonarbeid is die minimum loon, dit wil sê daardie hoeveelheid van die bestaansmiddele

Ce salaire est absolument nécessaire dans la simple existence d'un ouvrier

Hierdie loon is absoluut noodsaaklik in die blote bestaan as 'n arbeider

Ce que le salarié s'approprie par son travail ne suffit donc qu'à prolonger et à reproduire une existence nue

Wat die loonarbeider dus deur middel van sy arbeid toeëien, is bloot voldoende om 'n blote bestaan te verleng en voort te plant

Nous n'avons nullement l'intention d'abolir cette appropriation personnelle des produits du travail

Ons is geensins van plan om hierdie persoonlike toe-eiening van die produkte van arbeid af te skaf nie

une appropriation qui est faite pour le maintien et la reproduction de la vie humaine

'n toe-eiening wat gemaak word vir die instandhouding en voortplanting van menslike lewe

Une telle appropriation personnelle des produits du travail ne laisse pas de surplus pour commander le travail d'autrui

sulke persoonlike toe-eiening van die produkte van arbeid laat geen surplus oor waarmee die arbeid van ander beveel kan word nie

Tout ce que nous voulons supprimer, c'est le caractère misérable de cette appropriation

Al waarmee ons wil wegdoen, is die ellendige karakter van hierdie toe-eiening

l'appropriation dont vit l'ouvrier dans le seul but d'augmenter son capital

die toe-eiening waaronder die arbeider leef bloot om kapitaal te vermeerder

Il n'est autorisé à vivre que dans la mesure où l'intérêt de la classe dominante l'exige

hy word slegs toegelaat om te lewe in soverre die belang van die heersersklas dit vereis

Dans la société bourgeoise, le travail vivant n'est qu'un moyen d'augmenter le travail accumulé

In die bourgeoisie-samelewing is lewende arbeid slegs 'n manier om opgehoopte arbeid te vermeerder

Dans la société communiste, le travail accumulé n'est qu'un moyen d'élargir, d'enrichir, de promouvoir l'existence de l'ouvrier

In die kommunistiese samelewing is opgehoopte arbeid slegs 'n manier om die bestaan van die arbeider te verbreed, te verryk, te bevorder

C'est pourquoi, dans la société bourgeoise, le passé domine le présent

In die bourgeoisie-samelewing oorheers die verlede dus die hede

dans la société communiste, le présent domine le passé

in die kommunistiese samelewing oorheers die hede die verlede

Dans la société bourgeoise, le capital est indépendant et a une individualité

In die bourgeoisie-samelewing is kapitaal onafhanklik en het
individualiteit

**Dans la société bourgeoise, la personne vivante est
dépendante et n'a pas d'individualité**

In die bourgeoisie-samelewing is die lewende persoon
afhanklik en het geen individualiteit nie

**Et l'abolition de cet état de choses est appelée par la
bourgeoisie l'abolition de l'individualité et de la liberté !**

En die afskaffing van hierdie stand van sake word deur die
bourgeoisie die afskaffing van individualiteit en vryheid
genoem!

**Et c'est à juste titre qu'on l'appelle l'abolition de
l'individualité et de la liberté !**

En dit word tereg die afskaffing van individualiteit en vryheid
genoem!

**Le communisme vise à l'abolition de l'individualité
bourgeoise**

Kommunisme beoog die afskaffing van die burgerlike
individualiteit

**Le communisme veut l'abolition de l'indépendance de la
bourgeoisie**

Kommunisme beoog die afskaffing van die onafhanklikheid
van die bourgeoisie

**La liberté de la bourgeoisie est sans aucun doute ce que vise
le communisme**

Bourgeoisievryheid is ongetwyfeld waarna kommunisme mik

**dans les conditions actuelles de production de la
bourgeoisie, la liberté signifie le libre-échange, la liberté de
vendre et d'acheter**

onder die huidige bourgeoisie-produksietoestande beteken
vryheid vrye handel, vrye verkoop en koop

**Mais si la vente et l'achat disparaissent, la vente et l'achat
gratuits disparaissent également**

Maar as verkoop en koop verdwyn, verdwyn vrye verkoop en
koop ook

Les « paroles courageuses » de la bourgeoisie sur la vente et l'achat libres n'ont qu'un sens limité

"dapper woorde" deur die bourgeoisie oor vrye verkoop en koop het slegs betekenis in 'n beperkte sin

Ces mots n'ont de sens que par opposition à la vente et à l'achat restreints

Hierdie woorde het slegs betekenis in teenstelling met beperkte verkoop en koop

et ces mots n'ont de sens que lorsqu'ils s'appliquent aux marchands enchaînés du moyen âge

en hierdie woorde het slegs betekenis wanneer dit toegepas word op die geboeide handelaars van die Middeleeue

et cela suppose que ces mots aient même un sens dans un sens bourgeois

en dit veronderstel dat hierdie woorde selfs betekenis het in 'n bourgeoisie sin

mais ces mots n'ont aucun sens lorsqu'ils sont utilisés pour s'opposer à l'abolition communiste de l'achat et de la vente

maar hierdie woorde het geen betekenis wanneer dit gebruik word om die kommunistiese afskaffing van koop en verkoop teen te staan nie

les mots n'ont pas de sens lorsqu'ils sont utilisés pour s'opposer à l'abolition des conditions de production de la bourgeoisie

die woorde het geen betekenis as dit gebruik word om die afskaffing van die produksievoorwaardes van die bourgeoisie teen te staan nie

et ils n'ont aucun sens lorsqu'ils sont utilisés pour s'opposer à l'abolition de la bourgeoisie elle-même

en hulle het geen betekenis wanneer hulle gebruik word om die bourgeoisie self teen te staan nie, wat afgeskaf word

Vous êtes horrifiés par notre intention d'en finir avec la propriété privée

U is geskok oor ons voorneme om weg te doen met privaat eiendom

Mais dans votre société actuelle, la propriété privée est déjà abolie pour les neuf dixièmes de la population

Maar in jou bestaande samelewing word private eiendom reeds weggedoen vir nege tiendes van die bevolking

L'existence d'une propriété privée pour quelques-uns est uniquement due à sa non-existence entre les mains des neuf dixièmes de la population

Die bestaan van private eiendom vir die min is uitsluitlik te wyte aan die nie-bestaan daarvan in die hande van nege tiendes van die bevolking

Vous nous reprochez donc d'avoir l'intention de supprimer une forme de propriété

U verwyt ons dus dat ons van plan is om weg te doen met 'n vorm van eiendom

Mais la propriété privée nécessite l'inexistence de toute propriété pour l'immense majorité de la société

maar private eiendom noodsaak die nie-bestaan van enige eiendom vir die oorgrote meerderheid van die samelewing

En un mot, vous nous reprochez d'avoir l'intention de vous débarrasser de vos biens

In een woord, jy verwyt ons dat ons van plan is om weg te doen met jou eiendom

Et c'est précisément le cas ; se débarrasser de votre propriété est exactement ce que nous avons l'intention de faire

En dit is presies so; om weg te doen met jou eiendom is net wat ons van plan is

À partir du moment où le travail ne peut plus être converti en capital, en argent ou en rente

Vanaf die oomblik wanneer arbeid nie meer in kapitaal, geld of huur omskep kan word nie

quand le travail ne peut plus être converti en un pouvoir social monopolisé

wanneer arbeid nie meer omskep kan word in 'n sosiale mag wat gemonopoliseer kan word nie

à partir du moment où la propriété individuelle ne peut plus être transformée en propriété bourgeoise

vanaf die oomblik wanneer individuele eiendom nie meer in bourgeoisie-eiendom omskep kan word nie

à partir du moment où la propriété individuelle ne peut plus être transformée en capital

vanaf die oomblik wanneer individuele eiendom nie meer in kapitaal omskep kan word nie

À partir de ce moment-là, vous dites que l'individualité s'évanouit

Van daardie oomblik af sê jy individualiteit verdwyn

Vous devez donc avouer que par « individu » vous n'entendez personne d'autre que la bourgeoisie

U moet dus erken dat u met "individueel" geen ander persoon as die bourgeoisie bedoel nie

Vous devez avouer qu'il s'agit spécifiquement du propriétaire de la classe moyenne

U moet erken dat dit spesifiek verwys na die middelklas-eienaar van eiendom

Cette personne doit, en effet, être balayée et rendue impossible

Hierdie persoon moet inderdaad uit die pad gevee word, en onmoontlik gemaak word

Le communisme ne prive personne du pouvoir de s'approprier les produits de la société

Kommunisme ontneem geen mens van die mag om die produkte van die samelewing toe te eien nie

tout ce que fait le communisme, c'est de le priver du pouvoir de subjuguer le travail d'autrui au moyen d'une telle appropriation

al wat kommunisme doen, is om hom van die mag te ontneem om die arbeid van ander deur middel van sulke toe-eiening te onderwerp

On a objecté qu'avec l'abolition de la propriété privée, tout travail cesserait

Daar is beswaar gemaak dat by die afskaffing van private eiendom alle werk sal staak

et il est alors suggéré que la paresse universelle nous rattrapera

en daar word dan voorgestel dat universele luiheid ons sal inhaal

D'après cela, il y a longtemps que la société bourgeoise aurait dû aller aux chiens par pure oisiveté

Hiervolgens moes die bourgeoisie-samelewing lankal deur pure ledigheid na die honde gegaan het

parce que ceux de ses membres qui travaillent, n'acquièrent rien

omdat die lede wat werk, niks verkry nie

et ceux de ses membres qui acquièrent quoi que ce soit, ne travaillent pas

en dié van sy lede wat iets bekom, werk nie

L'ensemble de cette objection n'est qu'une autre expression de la tautologie

Die hele beswaar is maar nog 'n uitdrukking van die tautologie

Il ne peut plus y avoir de travail salarié quand il n'y a plus de capital

daar kan geen loonarbeid meer wees as daar nie meer kapitaal is nie

Il n'y a pas de différence entre les produits matériels et les produits mentaux

Daar is geen verskil tussen materiële produkte en geestelike produkte nie

Le communisme propose que les deux soient produits de la même manière

Kommunisme stel voor dat albei op dieselfde manier geproduseer word

mais les objections contre les modes communistes de production sont les mêmes

maar die besware teen die kommunistiese maniere om dit te produseer is dieselfde

pour la bourgeoisie, la disparition de la propriété de classe est la disparition de la production elle-même

vir die bourgeoisie is die verdwyning van klasse-eiendom die
verdwyning van produksie self

**Ainsi, la disparition de la culture de classe est pour lui
identique à la disparition de toute culture**

dus is die verdwyning van klassekultuur vir hom identies met
die verdwyning van alle kultuur

**Cette culture, dont il déplore la perte, n'est pour l'immense
majorité qu'un simple entraînement à agir comme une
machine**

Daardie kultuur, waarvan hy die verlies betreur, is vir die
oorgrote meerderheid 'n blote opleiding om as 'n masjien op te
tree

**Les communistes ont bien l'intention d'abolir la culture de
la propriété bourgeoise**

Kommuniste is baie van plan om die kultuur van bourgeoisie-
eiendom af te skaf

**Mais ne vous querellez pas avec nous tant que vous
appliquez les normes de vos notions bourgeoises de liberté,
de culture, de droit, etc**

Maar moenie met ons stry solank jy die standaard van jou
bourgeoisie-idees van vryheid, kultuur, wet, ens toepas nie

**Vos idées mêmes ne sont que le résultat des conditions de
votre production bourgeoise et de la propriété bourgeoise**

Jou idees is maar net die uitvloeisel van die toestande van jou
bourgeoisieproduksie en bourgeoisie-eiendom

**de même que votre jurisprudence n'est que la volonté de
votre classe érigée en loi pour tous**

net soos jou regspraak maar net die wil van jou klas is wat tot
'n wet vir almal gemaak is

**Le caractère essentiel et l'orientation de cette volonté sont
déterminés par les conditions économiques créées par votre
classe sociale**

Die wesenlike karakter en rigting van hierdie wil word bepaal
deur die ekonomiese toestande wat jou sosiale klas skep

**L'idée fausse égoïste qui vous pousse à transformer les
formes sociales en lois éternelles de la nature et de la raison**

Die selfsugtige wanopvatting wat jou oorreed om sosiale vorme in ewige natuurwette en rede te omskep

les formes sociales qui découlent de votre mode de production et de votre forme de propriété actuels

die sosiale vorme wat voortspruit uit jou huidige produksiewyse en vorm van eiendom

des rapports historiques qui naissent et disparaissent dans le progrès de la production

historiese verhoudings wat styg en verdwyn in die vordering van produksie

cette idée fausse que vous partagez avec toutes les classes dirigeantes qui vous ont précédés

hierdie wanopvatting deel jy met elke heersersklas wat jou voorafgegaan het

Ce que vous voyez clairement dans le cas de la propriété ancienne, ce que vous admettez dans le cas de la propriété féodale

Wat jy duidelik sien in die geval van antieke eiendom, wat jy erken in die geval van feodale eiendom

ces choses, il vous est bien entendu interdit de les admettre dans le cas de votre propre forme de propriété bourgeoise

hierdie dinge word u natuurlik verbied om te erken in die geval van u eie bourgeoisie-vorm van eiendom

Abolition de la famille ! Même les plus radicaux s'enflamment devant cette infâme proposition des communistes

Afskaffing van die gesin! Selfs die mees radikale vlam op by hierdie berugte voorstel van die Kommuniste

Sur quelle base se fonde la famille actuelle, la famille bourgeoise ?

Op watter grondslag is die huidige familie, die Bourgeoisie-familie, gebaseer?

La fondation de la famille actuelle est basée sur le capital et le gain privé

Die grondslag van die huidige gesin is gebaseer op kapitaal en private gewin

Sous sa forme complètement développée, cette famille n'existe que dans la bourgeoisie

In sy volledig ontwikkelde vorm bestaan hierdie familie slegs onder die bourgeoisie

Cet état de choses trouve son complément dans l'absence pratique de la famille chez les prolétaires

Hierdie stand van sake vind sy aanvulling in die praktiese afwesigheid van die gesin onder die proletariërs

Cet état de choses se retrouve dans la prostitution publique

Hierdie stand van sake kan gevind word in openbare prostitusie

La famille bourgeoise disparaîtra d'office quand son effectif disparaîtra

Die Bourgeoisie-familie sal vanselfsprekend verdwyn wanneer sy komplement verdwyn

et l'une et l'autre s'évanouiront avec la disparition du capital

en albei sal verdwyn met die verdwyning van kapitaal

Nous accusez-vous de vouloir mettre fin à l'exploitation des enfants par leurs parents ?

Beskuldig u ons daarvan dat ons die uitbuiting van kinders deur hul ouers wil stop?

Nous plaidons coupables de ce crime

Aan hierdie misdaad pleit ons skuldig

Mais, direz-vous, on détruit les relations les plus sacrées, quand on remplace l'éducation à domicile par l'éducation sociale

Maar, jy sal sê, ons vernietig die heiligste verhoudings wanneer ons tuisonderwys deur sosiale opvoeding vervang

Votre éducation n'est-elle pas aussi sociale ? Et n'est-elle pas déterminée par les conditions sociales dans lesquelles vous éduquez ?

Is jou opvoeding nie ook sosiaal nie? En word dit nie bepaal deur die sosiale omstandighede waaronder jy opvoed nie?

par l'intervention, directe ou indirecte, de la société, par le biais de l'école, etc.

deur die ingryping, direk of indirek, van die samelewing, deur middel van skole, ens.

Les communistes n'ont pas inventé l'intervention de la société dans l'éducation

Die kommuniste het nie die ingryping van die samelewing in die onderwys uitgevind nie

ils ne cherchent qu'à modifier le caractère de cette intervention

hulle poog maar om die karakter van daardie ingryping te verander

et ils cherchent à sauver l'éducation de l'influence de la classe dirigeante

en hulle poog om onderwys van die invloed van die heersersklas te red

La bourgeoisie parle de la relation sacrée du parent et de l'enfant

Die bourgeoisie praat van die heilige naverhouding tussen ouer en kind

mais ce baratin sur la famille et l'éducation devient d'autant plus répugnant quand on regarde l'industrie moderne

maar hierdie klapval oor die gesin en opvoeding word des te walgliker as ons na die moderne industrie kyk

Tous les liens familiaux entre les prolétaires sont déchirés par l'industrie moderne

Alle familiebande onder die proletariërs word deur die moderne nywerheid verskeur

Leurs enfants sont transformés en simples objets de commerce et en instruments de travail

hul kinders word omskep in eenvoudige handelsartikels en arbeidsinstrumente

Mais vous, communistes, vous créeriez une communauté de femmes, crie en chœur toute la bourgeoisie

Maar julle kommuniste sou 'n gemeenskap van vroue skep, skree die hele bourgeoisie in koor

La bourgeoisie ne voit en sa femme qu'un instrument de production

Die bourgeoisie sien in sy vrou 'n blote produksie-instrument

Il entend dire que les instruments de production doivent être exploités par tous

Hy hoor dat die produksie-instrumente deur almal uitgebuit moet word

et, naturellement, il ne peut arriver à aucune autre conclusion que celle d'être commun à tous retombera également sur les femmes

en natuurlik kan hy tot geen ander gevolgtrekking kom as dat die lot om almal gemeenskaplik te wees, eweneens op vroue sal val nie

Il ne soupçonne même pas qu'il s'agit en fait d'en finir avec le statut de la femme en tant que simple instrument de production

Hy het nie eens 'n vermoede dat die eintlike punt is om weg te doen met die status van vroue as blote produksie-instrumente nie

Du reste, rien n'est plus ridicule que l'indignation vertueuse de notre bourgeoisie contre la communauté des femmes

Vir die res is niks meer belaglik as die deugsame verontwaardiging van ons bourgeoisie oor die gemeenskap van vroue nie

ils prétendent qu'elle doit être établie ouvertement et officiellement par les communistes

hulle gee voor dat dit openlik en amptelik deur die Kommuniste gestig is

Les communistes n'ont pas besoin d'introduire la communauté des femmes, elle existe depuis des temps immémoriaux

Die Kommuniste het nie nodig om 'n gemeenskap van vroue in te stel nie, dit bestaan amper van ouds af

Notre bourgeoisie ne se contente pas d'avoir à sa disposition les femmes et les filles de ses prolétaires

Ons bourgeoisie is nie tevrede daarmee om die vrouens en dogters van hul proletariërs tot hul beskikking te hê nie

Ils prennent le plus grand plaisir à séduire les femmes de l'autre

hulle het die grootste plesier daarin om mekaar se vrouens te verlei

Et cela ne parle même pas des prostituées ordinaires

en dit is nie eens om van gewone prostitute te praat nie

Le mariage bourgeois est en réalité un système d'épouses en commun

Bourgeoisie-huwelik is in werklikheid 'n stelsel van vrouens in gemeen

puis il y a une chose qu'on pourrait peut-être reprocher aux communistes

dan is daar een ding waaroor die Kommuniste moontlik verwyt kan word

Ils souhaitent introduire une communauté de femmes ouvertement légalisée

hulle begeer om 'n openlik gewettigde gemeenskap van vroue in te stel

plutôt qu'une communauté de femmes hypocritement dissimulée

eerder as 'n skynheilige verborge gemeenskap van vroue

la communauté des femmes issues du système de production

die gemeenskap van vroue wat uit die produksiestelsel ontstaan

Abolissez le système de production, et vous abolissez la communauté des femmes

skaf die produksiestelsel af, en jy skaf die gemeenskap van vroue af

La prostitution publique est abolie et la prostitution privée

beide openbare prostitusie word afgeskaf, en private prostitusie

On reproche en outre aux communistes de vouloir abolir les pays et les nationalités

Die Kommuniste word verder meer verwyt dat hulle lande en nasionaliteit wil afskaf

Les travailleurs n'ont pas de patrie, nous ne pouvons donc pas leur prendre ce qu'ils n'ont pas

Die werkers het geen land nie, daarom kan ons nie van hulle neem wat hulle nie het nie

Le prolétariat doit d'abord acquérir la suprématie politique

Die proletariaat moet eerstens politieke oppergesag verkry

Le prolétariat doit s'élever pour être la classe dirigeante de la nation

die proletariaat moet opstaan om die leidende klas van die nasie te wees

Le prolétariat doit se constituer en nation

die proletariaat moet homself as die nasie konstitueer

elle est, jusqu'à présent, elle-même nationale, mais pas dans le sens bourgeois du mot

dit is tot dusver self nasionaal, hoewel nie in die bourgeoisie sin van die woord nie

Les différences nationales et les antagonismes entre les peuples s'estompent chaque jour davantage

Nasionale verskille en antagonismes tussen volke verdwyn daagliks meer en meer

grâce au développement de la bourgeoisie, à la liberté du commerce, au marché mondial

as gevolg van die ontwikkeling van die bourgeoisie, tot vryheid van handel, tot die wêreldmark

à l'uniformité du mode de production et des conditions de vie qui y correspondent

tot eenvormigheid in die produksiewyse en in die lewensomstandighede wat daarmee ooreenstem

La suprématie du prolétariat les fera disparaître encore plus vite

Die oppergesag van die proletariaat sal veroorsaak dat hulle nog vinniger verdwyn

L'action unie, du moins dans les principaux pays civilisés, est une des premières conditions de l'émancipation du prolétariat

Verenigde optrede, ten minste van die voorste beskaafde
lande, is een van die eerste voorwaardes vir die emansipasie
van die proletariaat

**Dans la mesure où l'exploitation d'un individu par un autre
prendra fin, l'exploitation d'une nation par une autre
prendra également fin à**

In verhouding tot die uitbuiting van een individu deur 'n
ander 'n einde gemaak word, sal die uitbuiting van een nasie
deur 'n ander ook 'n einde gemaak word aan

**À mesure que l'antagonisme entre les classes à l'intérieur de
la nation disparaîtra, l'hostilité d'une nation envers une
autre prendra fin**

In mate die antagonisme tussen klasse binne die nasie
verdwyn, sal die vyandigheid van een nasie teenoor 'n ander
tot 'n einde kom

**Les accusations portées contre le communisme d'un point de
vue religieux, philosophique et, en général, idéologique, ne
méritent pas d'être examinées sérieusement**

Die aanklagte teen kommunisme wat vanuit 'n godsdienstige,
filosofiese en oor die algemeen vanuit 'n ideologiese oogpunt
gemaak word, verdien nie ernstige ondersoek nie

**Faut-il une intuition profonde pour comprendre que les
idées, les vues et les conceptions de l'homme changent à
chaque changement dans les conditions de son existence
matérielle ?**

Vereis dit diep intuïsie om te begryp dat die mens se idees,
sienings en opvattings verander met elke verandering in die
toestande van sy materiële bestaan?

**N'est-il pas évident que la conscience de l'homme change
lorsque ses relations sociales et sa vie sociale changent ?**

Is dit nie duidelik dat die mens se bewussyn verander
wanneer sy sosiale verhoudings en sy sosiale lewe verander
nie?

**Qu'est-ce que l'histoire des idées prouve d'autre, sinon que
la production intellectuelle change de caractère à mesure que
la production matérielle se modifie ?**

Wat anders bewys die geskiedenis van idees as dat
intellektuele produksie sy karakter verander in verhouding tot
materiële produksie verander?

**Les idées dominantes de chaque époque ont toujours été les
idées de sa classe dirigeante**

Die heersende idees van elke era was nog altyd die idees van
sy heersersklas

**Quand on parle d'idées qui révolutionnent la société, on
n'exprime qu'un seul fait**

Wanneer mense praat van idees wat 'n rewolusie in die
samelewing maak, spreek hulle net een feit uit

**Au sein de l'ancienne société, les éléments d'une nouvelle
société ont été créés**

Binne die ou samelewing is die elemente van 'n nuwe een
geskep

**et que la dissolution des vieilles idées va de pair avec la
dissolution des anciennes conditions d'existence**

en dat die ontbinding van die ou idees ewe tred hou met die
ontbinding van die ou bestaansvoorwaardes

**Lorsque le monde antique était dans ses dernières affresses,
les anciennes religions ont été vaincues par le christianisme**

Toe die antieke wêreld in sy laaste weë was, is die antieke
godsdienste deur die Christendom oorwin

**Lorsque les idées chrétiennes ont succombé au XVIIIe siècle
aux idées rationalistes, la société féodale a mené une bataille
à mort contre la bourgeoisie alors révolutionnaire**

Toe Christelike idees in die 18de eeu voor rasionalistiese idees
beswyk het, het die feodale samelewing sy doodstryd met die
destydse revolusionêre bourgeoisie gevoer

**Les idées de liberté religieuse et de liberté de conscience
n'ont fait qu'exprimer l'emprise de la libre concurrence dans
le domaine de la connaissance**

Die idees van godsdiensvryheid en gewetensvryheid het bloot
uitdrukking gegee aan die heerskappy van vrye mededinging
binne die domein van kennis

« Sans doute, dira-t-on, les idées religieuses, morales, philosophiques et juridiques ont été modifiées au cours du développement historique »

"Ongetwyfeld," sal gesê word, "is godsdienstige, morele, filosofiese en juridiese idees in die loop van historiese ontwikkeling verander"

Mais la religion, la morale, la philosophie, la science politique et le droit ont constamment survécu à ce changement.

"Maar godsdiens, moraliteitsfilosofie, politieke wetenskap en reg het hierdie verandering voortdurend oorleef"

« Il y a aussi des vérités éternelles, telles que la Liberté, la Justice, etc. »

"Daar is ook ewige waarhede, soos vryheid, geregtigheid, ens."

« Ces vérités éternelles sont communes à tous les états de la société »

"Hierdie ewige waarhede is algemeen vir alle state van die samelewing"

« Mais le communisme abolit les vérités éternelles, il abolit toute religion et toute morale »

"Maar kommunisme skaf ewige waarhede af, dit skaf alle godsdiens en alle moraliteit af"

« il fait cela au lieu de les constituer sur une nouvelle base »

"Dit doen dit in plaas daarvan om hulle op 'n nuwe basis te konstitueer"

« Elle agit donc en contradiction avec toute l'expérience historique passée »

"dit tree dus in stryd met alle historiese ervaring uit die verlede op"

À quoi se réduit cette accusation ?

Waartoe verminder hierdie beskuldiging homself?

L'histoire de toute la société passée a consisté dans le développement d'antagonismes de classe

Die geskiedenis van die hele vorige samelewing het bestaan uit die ontwikkeling van klasse-antagonismes

antagonismes qui ont pris des formes différentes selon les époques

antagonismes wat verskillende vorme in verskillende tydperke aangeneem het

Mais quelle que soit la forme qu'ils aient prise, un fait est commun à tous les âges passés

Maar watter vorm hulle ook al aangeneem het, een feit is algemeen vir alle vorige eeue

l'exploitation d'une partie de la société par l'autre

die uitbuiting van die een deel van die samelewing deur die ander

Il n'est donc pas étonnant que la conscience sociale des âges passés se meuve à l'intérieur de certaines formes communes ou d'idées générales

Geen wonder dus dat die sosiale bewussyn van vorige eeue binne sekere algemene vorme of algemene idees beweeg nie

(et ce, malgré toute la multiplicité et la variété qu'il affiche)

(en dit is ten spyte van al die veelheid en verskeidenheid wat dit vertoon)

et ceux-ci ne peuvent disparaître complètement qu'avec la disparition totale des antagonismes de classe

en dit kan nie heeltemal verdwyn nie, behalwe met die totale verdwyning van klasse-antagonismes

La révolution communiste est la rupture la plus radicale avec les rapports de propriété traditionnels

Die kommunistiese rewolusie is die mees radikale breuk met tradisionele eiendomsverhoudinge

Il n'est donc pas étonnant que son développement implique la rupture la plus radicale avec les idées traditionnelles

Geen wonder dat die ontwikkeling daarvan die mees radikale breuk met tradisionele idees behels nie

Mais finissons-en avec les objections de la bourgeoisie contre le communisme

Maar laat ons klaar wees met die bourgeoisie se besware teen kommunisme

Nous avons vu plus haut le premier pas de la révolution de la classe ouvrière

Ons het hierbo die eerste stap in die rewolusie deur die werkersklas gesien

Le prolétariat doit être élevé à la position de dirigeant, pour gagner la bataille de la démocratie

Proletariaat moet tot die posisie van regerende verhef word om die stryd van demokrasie te wen

Le prolétariat usera de sa suprématie politique pour arracher peu à peu tout le capital à la bourgeoisie

Die proletariaat sal sy politieke oppergesag gebruik om geleidelik alle kapitaal van die bourgeoisie af te ruk

elle centralisera tous les instruments de production entre les mains de l'État

dit sal alle produksie-instrumente in die hande van die staat sentraliseer

En d'autres termes, le prolétariat s'est organisé en classe dominante

Met ander woorde, die proletariaat het as die heersersklas georganiseer

et elle augmentera le plus rapidement possible le total des forces productives

en dit sal die totaal van produktiewe kragte so vinnig as moontlik verhoog

Bien sûr, au début, cela ne peut se faire qu'au moyen d'incursions despotiques dans les droits de propriété

Natuurlik kan dit in die begin nie bewerkstellig word nie, behalwe deur middel van despotiese inbreuk op die eiendomsreg

et elle doit être réalisée dans les conditions de la production bourgeoise

en dit moet bereik word op die voorwaardes van bourgeoisieproduksie

Elle est donc réalisée au moyen de mesures qui semblent économiquement insuffisantes et intenables

Dit word dus bereik deur middel van maatreëls wat
ekonomies onvoldoende en onhoudbaar lyk

**mais ces moyens, dans le cours du mouvement, se dépassent
d'eux-mêmes**

maar hierdie middele, in die loop van die beweging, oortref
hulself

**elles nécessitent de nouvelles incursions dans l'ancien ordre
social**

dit noodsaak verdere inbreuk op die ou sosiale orde

**et ils sont inévitables comme moyen de révolutionner
entièrement le mode de production**

en hulle is onvermydelik as 'n manier om die produksiewyse
heeltemal te revolusioneer

Ces mesures seront bien sûr différentes selon les pays

Hierdie maatreëls sal natuurlik in verskillende lande verskil

**Néanmoins, dans les pays les plus avancés, ce qui suit sera
assez généralement applicable**

Nietemin sal die volgende in die mees gevorderde lande
redelik algemeen van toepassing wees

**1. L'abolition de la propriété foncière et l'affectation de
toutes les rentes foncières à des fins publiques.**

1. Afskaffing van eiendom in grond en toepassing van alle
huurgeld van grond vir openbare doeleindes.

2. Un impôt sur le revenu progressif ou progressif lourd.

2. 'n Swaar progressiewe of gegradueerde inkomstebelasting.

3. Abolition de tout droit d'héritage.

3. Afskaffing van alle erfreg.

4. Confiscation des biens de tous les émigrés et rebelles.

4. Konfiskering van die eiendom van alle emigrante en rebelle.

**5. Centralisation du crédit entre les mains de l'État, au
moyen d'une banque nationale à capital d'État et monopole
exclusif.**

5. Sentralisering van krediet in die hande van die staat, deur
middel van 'n nasionale bank met staatskapitaal en 'n
eksklusiewe monopolie.

6. Centralisation des moyens de communication et de transport entre les mains de l'État.

6. Sentralisering van die kommunikasie- en vervoermiddele in die hande van die staat.

7. Extension des usines et des instruments de production appartenant à l'État

7. Uitbreiding van fabrieke en produksie-instrumente wat deur die staat besit word

la mise en culture des terres incultes, et l'amélioration du sol en général d'après un plan commun.

die bebouing van woestenye en die verbetering van die grond in die algemeen in ooreenstemming met 'n gemeenskaplike plan.

8. Responsabilité égale de tous vis-à-vis du travail

8. Gelyke aanspreeklikheid van almal teenoor arbeid

Mise en place d'armées industrielles, notamment pour l'agriculture.

Vestiging van industriële leërs, veral vir landbou.

9. Combinaison de l'agriculture et des industries manufacturières

9. Kombinasie van landbou met vervaardigingsbedrywe

l'abolition progressive de la distinction entre la ville et la campagne, par une répartition plus égale de la population sur le territoire.

geleidelike afskaffing van die onderskeid tussen stad en land, deur 'n meer gelyke verspreiding van die bevolking oor die land.

10. Gratuité de l'éducation pour tous les enfants dans les écoles publiques.

10. Gratis onderwys vir alle kinders in openbare skole.

Abolition du travail des enfants dans les usines sous sa forme actuelle

Afskaffing van kinderfabrieksarbeid in sy huidige vorm

Combinaison de l'éducation et de la production industrielle

Kombinasie van onderwys met industriële produksie

Quand, au cours du développement, les distinctions de classe ont disparu

Wanneer klasseverskille in die loop van die ontwikkeling verdwyn het

et quand toute la production aura été concentrée entre les mains d'une vaste association de toute la nation

en wanneer alle produksie in die hande van 'n groot vereniging van die hele nasie gekonsentreer is

alors la puissance publique perdra son caractère politique

dan sal die openbare mag sy politieke karakter verloor

Le pouvoir politique, proprement dit, n'est que le pouvoir organisé d'une classe pour en opprimer une autre

Politieke mag, behoorlik so genoem, is bloot die georganiseerde mag van een klas om 'n ander te onderdruk

Si le prolétariat, dans sa lutte contre la bourgeoisie, est contraint, par la force des choses, de s'organiser en classe

As die proletariaat tydens sy stryd met die bourgeoisie deur die krag van omstandighede gedwing word om homself as 'n klas te organiseer

si, par une révolution, elle se fait la classe dominante

as dit homself deur middel van 'n rewolusie die heerserklas maak

et, en tant que telle, elle balaie par la force les anciennes conditions de production

en as sodanig vee dit die ou produksietoestande met geweld weg

alors, avec ces conditions, elle aura balayé les conditions d'existence des antagonismes de classes et des classes en général

dan sal dit, saam met hierdie toestande, die voorwaardes vir die bestaan van klasse-antagonismes en van klasse in die algemeen weggevee het

et aura ainsi aboli sa propre suprématie en tant que classe.

en daardeur sy eie oppergesag as 'n klas afgeskaf het.

A la place de l'ancienne société bourgeoise, avec ses classes et ses antagonismes de classes, nous aurons une association

In die plek van die ou bourgeoisie-samelewing, met sy klasse en klasse-antagonismes, sal ons 'n assosiasie hê

une association dans laquelle le libre développement de chacun est la condition du libre développement de tous

'n vereniging waarin die vrye ontwikkeling van elkeen die voorwaarde is vir die vrye ontwikkeling van almal

1) Le socialisme réactionnaire
1) Reaksionêre sosialisme

a) Le socialisme féodal
a) Feodale sosialisme

les aristocraties de France et d'Angleterre avaient une position historique unique
die aristokrasieë van Frankryk en Engeland het 'n unieke historiese posisie gehad

c'est devenu leur vocation d'écrire des pamphlets contre la société bourgeoise moderne
dit het hul roeping geword om pamflette teen die moderne bourgeoisie-samelewing te skryf

Dans la révolution française de juillet 1830 et dans l'agitation réformiste anglaise
In die Franse rewolusie van Julie 1830, en in die Engelse hervormingsegitasie

Ces aristocraties succombèrent de nouveau à l'odieux parvenu
Hierdie aristokrasieë het weer voor die haatlike opkoms geswig

Dès lors, il n'était plus question d'une lutte politique sérieuse
Van toe af was 'n ernstige politieke wedstryd heeltemal buite die kwessie

Tout ce qui restait possible, c'était une bataille littéraire, pas une véritable bataille
Al wat moontlik gebly het, was literêre stryd, nie 'n werklike stryd nie

Mais même dans le domaine de la littérature, les vieux cris de la période de la restauration étaient devenus impossibles
Maar selfs op die gebied van literatuur het die ou krete van die hersteltydperk onmoontlik geword

Pour s'attirer la sympathie, l'aristocratie était obligée de perdre de vue, semble-t-il, ses propres intérêts

Om simpatie te wek, was die aristokrasie verplig om blykbaar hul eie belange uit die oog te verloor

et ils ont été obligés de formuler leur réquisitoire contre la bourgeoisie dans l'intérêt de la classe ouvrière exploitée

en hulle was verplig om hul aanklag teen die bourgeoisie te formuleer in belang van die uitgebuite werkersklas

C'est ainsi que l'aristocratie prit sa revanche en chantant des pamphlets sur son nouveau maître

So het die aristokrasie wraak geneem deur beledigings op hul nuwe meester te sing

et ils prirent leur revanche en lui murmurant à l'oreille de sinistres prophéties de catastrophe à venir

en hulle het wraak geneem deur sinistere profesieë van komende rampspoed in sy ore te fluister

C'est ainsi qu'est né le socialisme féodal : moitié lamentation, moitié moquerie

Op hierdie manier het Feodale sosialisme ontstaan: half klaaglied, half bespotting

Il sonnait comme un demi-écho du passé, et projetait une demi-menace de l'avenir

dit het weerklink as 'n halwe eggo van die verlede en 'n halwe bedreiging van die toekoms geprojekteer

parfois, par sa critique acerbe, spirituelle et incisive, il frappait la bourgeoisie au plus profond de lui-même

soms, deur sy bitter, geestige en skerp kritiek, het dit die bourgeoisie tot in die hart se kern getref

mais elle a toujours été ridicule dans son effet, par l'incapacité totale de comprendre la marche de l'histoire moderne

maar dit was altyd belaglik in sy effek, deur totale onvermoë om die opmars van die moderne geskiedenis te begryp

L'aristocratie, pour rallier le peuple à elle, agitait le sac d'aumône prolétarien en guise de bannière

Om die volk by hulle te versamel, het die aristokrasie die proletariese aalmoessak voor 'n banier geswaai

Mais le peuple, toutes les fois qu'il se joignait à lui, voyait sur son arrière-train les anciennes armoiries féodales

Maar die mense, so dikwels as wat dit by hulle aangesluit het, het op hul agterkwart die ou feodale wapens gesien

et ils désertèrent avec des rires bruyants et irrévérencieux

en hulle het met harde en oneerbiedige gelag verlaat

Une partie des légitimistes français et de la « Jeune Angleterre » offrit ce spectacle

Een deel van die Franse Legitimiste en "Jong Engeland" het hierdie skouspel vertoon

les féodaux ont fait remarquer que leur mode d'exploitation était différent de celui de la bourgeoisie

die feodaliste het daarop gewys dat hul manier van uitbuiting anders was as dié van die bourgeoisie

Les féodaux oublient qu'ils ont exploité dans des circonstances et des conditions tout à fait différentes

Die feodaliste vergeet dat hulle uitgebuit het onder omstandighede en omstandighede wat heeltemal anders was

Et ils n'ont pas remarqué que de telles méthodes d'exploitation sont maintenant désuètes

en hulle het nie opgemerk dat sulke metodes van uitbuiting nou verouderd is nie

Ils ont montré que, sous leur domination, le prolétariat moderne n'a jamais existé

Hulle het getoon dat die moderne proletariaat onder hul heerskappy nooit bestaan het nie

mais ils oublient que la bourgeoisie moderne est le produit nécessaire de leur propre forme de société

maar hulle vergeet dat die moderne bourgeoisie die noodsaaklike nageslag van hul eie samelewingsvorm is

Pour le reste, ils dissimulent à peine le caractère réactionnaire de leur critique

Vir die res verberg hulle skaars die reaksionêre karakter van hul kritiek

Leur principale accusation contre la bourgeoisie se résume à ceci

hul hoofbeskuldiging teen die bourgeoisie kom neer op die volgende

sous le régime bourgeois, une classe sociale se développe

onder die bourgeoisie-regime word 'n sosiale klas ontwikkel

Cette classe sociale est destinée à découper de fond en comble l'ancien ordre de la société

Hierdie sosiale klas is bestem om die ou orde van die samelewing wortel te sny en te vertak

Ce qu'ils reprochent à la bourgeoisie, ce n'est pas tant qu'elle crée un prolétariat

Waarmee hulle die bourgeoisie verwyt, is nie soseer dat dit 'n proletariaat skep nie

ce qu'ils reprochent à la bourgeoisie, c'est plutôt de créer un prolétariat révolutionnaire

waarmee hulle die bourgeoisie verwyt, is meer dat dit 'n revolusionêre proletariaat skep

Dans la pratique politique, ils se joignent donc à toutes les mesures coercitives contre la classe ouvrière

In die politieke praktyk neem hulle dus deel aan alle dwangmaatreëls teen die werkersklas

Et dans la vie ordinaire, malgré leurs phrases hautaines, ils s'abaissent à ramasser les pommes d'or tombées de l'arbre de l'industrie

en in die gewone lewe, ten spyte van hul hoogstaande frases, buk hulle om die goue appels op te tel wat van die boom van die nywerheid geval het

et ils troquent la vérité, l'amour et l'honneur contre le commerce de la laine, du sucre de betterave et de l'eau-de-vie de pommes de terre

en hulle verruil waarheid, liefde en eer vir handel in wol, beetsuiker en aartappelgeeste

De même que le pasteur a toujours marché main dans la main avec le propriétaire foncier, il en a été de même du socialisme clérical et du socialisme féodal

Soos die dominee nog altyd hand aan hand gegaan het met die grondeienaar, so het geestelike sosialisme met feodale sosialisme gegaan

Rien n'est plus facile que de donner à l'ascétisme chrétien une teinte socialiste

Niks is makliker as om Christelike asketisme 'n sosialistiese tint te gee nie

Le christianisme n'a-t-il pas déclamé contre la propriété privée, contre le mariage, contre l'État ?

Het die Christendom nie teen privaat eiendom, teen die huwelik, teen die staat verklaar nie?

Le christianisme n'a-t-il pas prêché à la place de la charité et de la pauvreté ?

Het die Christendom nie in die plek hiervan gepreek nie, liefdadigheid en armoede?

Le christianisme ne prêche-t-il pas le célibat et la mortification de la chair, de la vie monastique et de l'Église mère ?

Verkondig die Christendom nie selibaat en versterwing van die vlees, kloosterlewe en Moederkerk nie?

Le socialisme chrétien n'est que l'eau bénite avec laquelle le prêtre consacre les brûlures du cœur de l'aristocrate

Christelike sosialisme is maar net die heilige water waarmee die priester die hartbrande van die aristokraat inwy

b) Le socialisme petit-bourgeois
b) Kleinburgerlike sosialisme

L'aristocratie féodale n'est pas la seule classe ruinée par la bourgeoisie
Die feodale aristokrasie was nie die enigste klas wat deur die bourgeoisie geruïneer is nie
ce n'était pas la seule classe dont les conditions d'existence languissaient et périssaient dans l'atmosphère de la société bourgeoise moderne
dit was nie die enigste klas wie se bestaansomstandighede in die atmosfeer van die moderne bourgeoisie-samelewing vergaan het nie
Les bourgeois médiévaux et les petits propriétaires paysans ont été les précurseurs de la bourgeoisie moderne
Die Middeleeuse burgers en die klein boere-eienaars was die voorlopers van die moderne bourgeoisie
Dans les pays peu développés, tant au point de vue industriel que commercial, ces deux classes végètent encore côte à côte
In lande wat industrieel en kommersieel maar min ontwikkel is, vegeteer hierdie twee klasse steeds langs mekaar
et pendant ce temps, la bourgeoisie se lève à côté d'eux : industriellement, commercialement et politiquement
en intussen staan die bourgeoisie langs hulle op: industrieel, kommersieel en polities
Dans les pays où la civilisation moderne s'est pleinement développée, une nouvelle classe de petite bourgeoisie s'est formée
In lande waar die moderne beskawing ten volle ontwikkel is, is 'n nuwe klas kleinburgery gevorm
cette nouvelle classe sociale oscille entre le prolétariat et la bourgeoisie
hierdie nuwe sosiale klas wissel tussen proletariaat en bourgeoisie

et elle se renouvelle sans cesse en tant que partie
supplémentaire de la société bourgeoise

en dit vernuwe homself altyd as 'n aanvullende deel van die
bourgeoisie-samelewing

Cependant, les membres individuels de cette classe sont
constamment précipités dans le prolétariat

Die individuele lede van hierdie klas word egter voortdurend
in die proletariaat neergeslinger

ils sont aspirés par le prolétariat par l'action de la
concurrence

hulle word deur die proletariaat deur die aksie van
mededinging opgesuig

Au fur et à mesure que l'industrie moderne se développe, ils
voient même approcher le moment où ils disparaîtront
complètement en tant que section indépendante de la société
moderne

Namate die moderne nywerheid ontwikkel, sien hulle selfs die
oomblik nader kom wanneer hulle heeltemal sal verdwyn as
'n onafhanklike deel van die moderne samelewing

ils seront remplacés, dans les manufactures, l'agriculture et
le commerce, par des surveillants, des huissiers et des
boutiquiers

hulle sal in vervaardigings, landbou en handel vervang word
deur opsieners, balju en winkeliers

Dans des pays comme la France, où les paysans représentent
bien plus de la moitié de la population

In lande soos Frankryk, waar die boere veel meer as die helfte
van die bevolking uitmaak

il était naturel qu'il y ait des écrivains qui se rangent du côté
du prolétariat contre la bourgeoisie

dit was natuurlik dat daar skrywers is wat hulle aan die kant
van die proletariaat teen die bourgeoisie geskaar het

dans leur critique du régime bourgeois, ils utilisaient
l'étendard de la bourgeoisie paysanne et de la petite
bourgeoisie

in hul kritiek op die bourgeoisie-regime het hulle die
standaard van die boere- en kleinbourgeoisie gebruik

**et, du point de vue de ces classes intermédiaires, ils
prennent le relais de la classe ouvrière**

en vanuit die oogpunt van hierdie intermediêre klasse neem
hulle die knuppels vir die werkersklas op

**C'est ainsi qu'est né le socialisme petit-bourgeois, dont
Sismondi était le chef de cette école, non seulement en
France, mais aussi en Angleterre**

So het die kleinburgerlike sosialisme, waarvan Sismondi die
hoof van hierdie skool was, nie net in Frankryk nie, maar ook
in Engeland ontstaan

**Cette école du socialisme a disséqué avec une grande acuité
les contradictions des conditions de la production moderne**

Hierdie skool van sosialisme het die teenstrydighede in die
toestande van moderne produksie met groot skerpte ontleed

Cette école a mis à nu les excuses hypocrites des économistes

Hierdie skool het die skynheilige verskonings van ekonome
blootgelê

**Cette école prouva sans conteste les effets désastreux du
machinisme et de la division du travail**

Hierdie skool het onbetwisbaar die rampspoedige gevolge van
masjinerie en arbeidsverdeling bewys

**elle prouvait la concentration du capital et de la terre entre
quelques mains**

Dit het die konsentrasie van kapitaal en grond in 'n paar
hande bewys

**elle a prouvé comment la surproduction conduit à des crises
bourgeoises**

dit het bewys hoe oorproduksie tot bourgeoisiekrisisse lei

**il soulignait la ruine inévitable de la petite bourgeoisie et
des paysans**

dit het gewys op die onvermydelike ondergang van die
kleinbourgeoisie en

**la misère du prolétariat, l'anarchie de la production, les
inégalités criantes dans la répartition des richesses**

die ellende van die proletariaat, die anargie in produksie, die skreeuende ongelykhede in die verspreiding van rykdom

Il a montré comment le système de production mène la guerre industrielle d'extermination entre les nations

Dit het gewys hoe die produksiestelsel die industriële oorlog van uitwissing tussen nasies lei

la dissolution des vieux liens moraux, des vieilles relations familiales, des vieilles nationalités

die ontbinding van ou morele bande, van die ou familieverhoudinge, van die ou nasionaliteite

Dans ses objectifs positifs, cependant, cette forme de socialisme aspire à réaliser l'une des deux choses suivantes

In sy positiewe doelwitte streef hierdie vorm van sosialisme egter daarna om een van twee dinge te bereik

soit elle vise à restaurer les anciens moyens de production et d'échange

óf dit het ten doel om die ou produksie- en ruilmiddele te herstel

et avec les anciens moyens de production, elle rétablirait les anciens rapports de propriété et l'ancienne société

en met die ou produksiemiddele sou dit die ou eiendomsverhoudinge en die ou samelewing herstel

ou bien elle vise à enfermer les moyens modernes de production et d'échange dans l'ancien cadre des rapports de propriété

of dit het ten doel om die moderne produksie- en ruilmiddele in die ou raamwerk van die eiendomsverhoudinge te betrek

Dans un cas comme dans l'autre, elle est à la fois réactionnaire et utopique

In beide gevalle is dit beide reaksionêr en utopies

Ses derniers mots sont : guildes corporatives pour la fabrication, relations patriarcales dans l'agriculture

Sy laaste woorde is: korporatiewe gildes vir vervaardiging, patriargale verhoudings in die landbou

En fin de compte, lorsque les faits historiques obstinés ont dispersé tous les effets enivrants de l'auto-tromperie

Uiteindelik, toe hardnekkige historiese feite alle bedwelmende gevolge van selfbedrog versprei het

cette forme de socialisme se termina par un misérable accès de pitié

hierdie vorm van sosialisme het geëindig in 'n ellendige vlaag van jammerte

c) Le socialisme allemand, ou « vrai »

c) Duitse, of "ware", sosialisme

La littérature socialiste et communiste de France est née sous la pression d'une bourgeoisie au pouvoir

Die sosialistiese en kommunistiese literatuur van Frankryk het ontstaan onder die druk van 'n bourgeoisie aan bewind

Et cette littérature était l'expression de la lutte contre ce pouvoir

en hierdie literatuur was die uitdrukking van die stryd teen hierdie mag

elle a été introduite en Allemagne à une époque où la bourgeoisie venait de commencer sa lutte contre l'absolutisme féodal

dit is in Duitsland ingebring in 'n tyd toe die bourgeoisie pas sy stryd met feodale absolutisme begin het

Les philosophes allemands, les prétendus philosophes et les beaux esprits, s'emparèrent avidement de cette littérature

Duitse filosowe, voornemende filosowe en beaux esprits, het hierdie literatuur gretig aangegryp

mais ils oubliaient que les écrits avaient émigré de France en Allemagne sans apporter avec eux les conditions sociales françaises

maar hulle het vergeet dat die geskrifte van Frankryk na Duitsland geïmmigreer het sonder om die Franse sosiale toestande saam te bring

Au contact des conditions sociales allemandes, cette littérature française perd toute sa signification pratique immédiate

In kontak met Duitse sosiale toestande het hierdie Franse literatuur al sy onmiddellike praktiese betekenis verloor

et la littérature communiste de France a pris un aspect purement littéraire dans les cercles académiques allemands

en die kommunistiese literatuur van Frankryk het 'n suiwer literêre aspek in Duitse akademiese kringe aangeneem

Ainsi, les exigences de la première Révolution française n'étaient rien d'autre que les exigences de la « raison pratique »

Die eise van die eerste Franse rewolusie was dus niks anders as die eise van "Praktiese Rede" nie

et l'expression de la volonté de la bourgeoisie française révolutionnaire signifiait à leurs yeux la loi de la volonté pure

en die uiting van die wil van die revolusionêre Franse bourgeoisie het in hulle oë die wet van suiwer wil aangedui

il signifiait la Volonté telle qu'elle devait être ; de la vraie Volonté humaine en général

dit het Wil aangedui soos dit verplig was om te wees; van ware menslike wil oor die algemeen

Le monde des lettrés allemands ne consistait qu'à mettre les nouvelles idées françaises en harmonie avec leur ancienne conscience philosophique

Die wêreld van die Duitse literatuur het uitsluitlik daarin bestaan om die nuwe Franse idees in harmonie te bring met hul antieke filosofiese gewete

ou plutôt, ils ont annexé les idées françaises sans déserter leur propre point de vue philosophique

of eerder, hulle het die Franse idees geannekseer sonder om hul eie filosofiese standpunt te laat vaar

Cette annexion s'est faite de la même manière que l'on s'approprie une langue étrangère, c'est-à-dire par la traduction

Hierdie anneksasie het plaasgevind op dieselfde manier as wat 'n vreemde taal toegeëien word, naamlik deur vertaling

Il est bien connu comment les moines ont écrit des vies stupides de saints catholiques sur des manuscrits

Dit is welbekend hoe die monnike simpel lewens van Katolieke Heiliges oor manuskripte geskryf het

les manuscrits sur lesquels les œuvres classiques de l'ancien paganisme avaient été écrites

Die manuskripte waarop die klassieke werke van antieke Heathendom geskryf is

Les lettrés allemands ont inversé ce processus avec la littérature française profane

Die Duitse literatuur het hierdie proses omgekeer met die profane Franse literatuur

Ils ont écrit leurs absurdités philosophiques sous l'original français

Hulle het hul filosofiese nonsens onder die Franse oorspronklike geskryf

Par exemple, sous la critique française des fonctions économiques de l'argent, ils ont écrit « L'aliénation de l'humanité »

Onder die Franse kritiek op die ekonomiese funksies van geld het hulle byvoorbeeld "Vervreemding van die mensdom" geskryf

au-dessous de la critique française de l'État bourgeois, ils écrivaient « détrônement de la catégorie du général »

onder die Franse kritiek op die bourgeoisiestaat het hulle geskryf "onttrooning van die kategorie van die generaal"

L'introduction de ces phrases philosophiques à la fin des critiques historiques françaises qu'ils ont baptisées :

Die bekendstelling van hierdie filosofiese frases agter in die Franse historiese kritiek wat hulle genoem het:

« Philosophie de l'action », « Vrai socialisme », « Science allemande du socialisme », « Fondement philosophique du socialisme », etc

"Filosofie van aksie", "Ware sosialisme", "Duitse wetenskap van sosialisme", "Filosofiese grondslag van sosialisme," ensovoorts

La littérature socialiste et communiste française est ainsi complètement émasculée

Die Franse sosialistiese en kommunistiese literatuur is dus heeltemal ontman

entre les mains des philosophes allemands, elle cessa d'exprimer la lutte d'une classe contre l'autre

in die hande van die Duitse filosowe het dit opgehou om die stryd van die een klas met die ander uit te druk

et c'est ainsi que les philosophes allemands se sentaient conscients d'avoir surmonté « l'unilatéralité française »

en so het die Duitse filosowe bewus gevoel dat hulle "Franse eensydigheid" oorkom het

Il n'avait pas à représenter de vraies exigences, mais plutôt des exigences de vérité

dit hoef nie ware vereistes voor te stel nie, maar eerder vereistes van waarheid

il n'y avait pas d'intérêt pour le prolétariat, mais plutôt pour la nature humaine

daar was geen belangstelling in die proletariaat nie, maar eerder belangstelling in die menslike natuur

l'intérêt était dans l'Homme en général, qui n'appartient à aucune classe et n'a pas de réalité

die belangstelling was in die mens in die algemeen, wat aan geen klas behoort nie, en geen werklikheid het nie

un homme qui n'existe que dans le royaume brumeux de la fantaisie philosophique

'n Man wat slegs in die mistige ryk van filosofiese fantasie bestaan

mais finalement, ce socialisme allemand d'écolier perdit aussi son innocence pédante

maar uiteindelik het hierdie skoolseun Duitse sosialisme ook sy pedantiese onskuld verloor

la bourgeoisie allemande, et surtout la bourgeoisie prussienne, luttait contre l'aristocratie féodale

die Duitse bourgeoisie, en veral die Pruisiese bourgeoisie, het teen feodale aristokrasie geveg

la monarchie absolue de l'Allemagne et de la Prusse était également combattue

die absolute monargie van Duitsland en Pruise is ook gebuk teen

Et à son tour, la littérature du mouvement libéral est également devenue plus sérieuse

en op sy beurt het die literatuur van die liberale beweging ook ernstiger geword

L'Allemagne a eu l'occasion longtemps souhaitée par le « vrai » socialisme de se voir offrir

Duitsland se lang verlangde geleentheid vir "ware" sosialisme is aangebied

l'occasion de confronter le mouvement politique aux revendications socialistes

die geleentheid om die politieke beweging met die sosialistiese eise te konfronteer

l'occasion de jeter les anathèmes traditionnels contre le libéralisme

die geleentheid om die tradisionele anathemas teen liberalisme te gooi

l'occasion d'attaquer le gouvernement représentatif et la concurrence bourgeoise

die geleentheid om verteenwoordigende regering en bourgeoisie-mededinging aan te val

Liberté de la presse bourgeoise, législation bourgeoise, liberté et égalité bourgeoise

Bourgeoisie persvryheid, Bourgeoisie wetgewing, Bourgeoisie vryheid en gelykheid

Tout cela pourrait maintenant être critiqué dans le monde réel, plutôt que dans la fantaisie

Al hierdie kan nou in die regte wêreld gekritiseer word, eerder as in fantasie

L'aristocratie féodale et la monarchie absolue prêchaient depuis longtemps aux masses

Feodale aristokrasie en absolute monargie het lankal aan die massas gepreek

« L'ouvrier n'a rien à perdre, et il a tout à gagner »

"Die werkende man het niks om te verloor nie, en hy het alles om te wen"

le mouvement bourgeois offrait aussi une chance de se confronter à ces platitudes

die Bourgeoisie-beweging het ook 'n kans gebied om hierdie platitudes te konfronteer

la critique française présupposait l'existence d'une société bourgeoise moderne

die Franse kritiek het die bestaan van die moderne bourgeoisie-samelewing veronderstel

Conditions économiques d'existence de la bourgeoisie et constitution politique de la bourgeoisie

Bourgeoisie ekonomiese bestaansvoorwaardes en Bourgeoisie politieke grondwet

les choses mêmes dont la réalisation était l'objet de la lutte imminente en Allemagne

die einste dinge waarvan die bereiking die voorwerp van die hangende stryd in Duitsland was

L'écho stupide du socialisme en Allemagne a abandonné ces objectifs juste à temps

Duitsland se simpel eggo van sosialisme het hierdie doelwitte net op die nippertjie laat vaar

Les gouvernements absolus avaient leur suite de pasteurs, de professeurs, d'écuyers de campagne et de fonctionnaires

Die absolute regerings het hul aanhang van predikante, professore, plattelandse wapendraers en amptenare gehad

le gouvernement de l'époque a répondu aux soulèvements de la classe ouvrière allemande par des coups de fouet et des balles

die destydse regering het die Duitse werkersklas-opstande met geseling en koeëls tegemoet gekom

pour eux, ce socialisme était un épouvantail bienvenu contre la bourgeoisie menaçante

vir hulle het hierdie sosialisme gedien as 'n welkome voëlverskrikker teen die dreigende bourgeoisie

et le gouvernement allemand a pu offrir un dessert sucré après les pilules amères qu'il a distribuées

en die Duitse regering kon 'n soet nagereg aanbied na die bitter pille wat hy uitgedeel het

ce « vrai » socialisme servait donc aux gouvernements
d'arme pour combattre la bourgeoisie allemande

hierdie "ware" sosialisme het dus die regerings gedien as 'n
wapen om die Duitse bourgeoisie te beveg

et, en même temps, il représentait directement un intérêt
réactionnaire ; celle des Philistins allemands

en terselfdertyd verteenwoordig dit direk 'n reaksionêre
belang; dié van die Duitse Filistyne

En Allemagne, la petite bourgeoisie est la véritable base
sociale de l'état de choses actuel

In Duitsland is die kleinburgerlike klas die werklike sosiale
basis van die bestaande stand van sake

une relique du XVIe siècle qui n'a cessé de surgir sous
diverses formes

'n oorblyfsel van die sestiende eeu wat voortdurend onder
verskillende vorme opgeduik het

Conserver cette classe, c'est préserver l'état de choses
existant en Allemagne

Om hierdie klas te bewaar, is om die bestaande stand van sake
in Duitsland te bewaar

La suprématie industrielle et politique de la bourgeoisie
menace la petite bourgeoisie d'une destruction certaine

Die industriële en politieke oppergesag van die bourgeoisie
bedreig die kleinburgery met sekere vernietiging

d'une part, elle menace de détruire la petite bourgeoisie par
la concentration du capital

aan die een kant dreig dit om die kleinburgery te vernietig
deur die konsentrasie van kapitaal

d'autre part, la bourgeoisie menace de la détruire par
l'avènement d'un prolétariat révolutionnaire

aan die ander kant dreig die bourgeoisie om dit te vernietig
deur die opkoms van 'n revolusionêre proletariaat

Le « vrai » socialisme semblait faire d'une pierre deux coups.
Il s'est répandu comme une épidémie

Dit lyk asof die "ware" sosialisme hierdie twee voëls in een
klap doodmaak. Dit het soos 'n epidemie versprei

La robe de toiles d'araignées spéculatives, brodée de fleurs de rhétorique, trempée dans la rosée du sentiment maladif
Die kleed van spekulatiewe spinnerakke, geborduurd met blomme van retoriek, deurdrenk van die dou van sieklike sentiment
cette robe transcendantale dans laquelle les socialistes allemands enveloppaient leurs tristes « vérités éternelles »
hierdie transendentale kleed waarin die Duitse sosialiste hul jammerlike "ewige waarhede" toegedraai het
tout de peau et d'os, servaient à augmenter merveilleusement la vente de leurs marchandises auprès d'un public aussi
alle vel en been, het gedien om die verkoop van hul goedere onder so 'n publiek wonderlik te verhoog
Et de son côté, le socialisme allemand reconnaissait de plus en plus sa propre vocation
En op sy beurt het die Duitse sosialisme meer en meer sy eie roeping erken
on l'appelait à être le représentant grandiloquent de la petite-bourgeoisie philistine
dit is geroep om die bombastiese verteenwoordiger van die kleinburgerlike Filistyn te wees
Il proclamait que la nation allemande était la nation modèle, et le petit philistin allemand l'homme modèle
Dit het die Duitse nasie as die modelnasie verklaar, en die Duitse klein Filistyn die modelman
À chaque méchanceté de cet homme modèle, elle donnait une interprétation socialiste cachée, plus élevée
Aan elke skurkagtige gemeenheid van hierdie modelman het dit 'n verborge, hoër, sosialistiese interpretasie gegee
cette interprétation socialiste supérieure était l'exact contraire de son caractère réel
hierdie hoër, sosialistiese interpretasie was presies die teenoorgestelde van sy werklike karakter
Il est allé jusqu'à s'opposer directement à la tendance « brutalement destructrice » du communisme

Dit het tot die uiterste gegaan om die "wreed vernietigende" neiging van kommunisme direk teen te staan

et il proclamait son mépris suprême et impartial de toutes les luttes de classes

en dit het sy hoogste en onpartydige minagting van alle klassestryd verkondig

À de très rares exceptions près, toutes les publications dites socialistes et communistes qui circulent aujourd'hui (1847) en Allemagne appartiennent au domaine de cette littérature nauséabonde et énervante

Met baie min uitsonderings behoort al die sogenaamde sosialistiese en kommunistiese publikasies wat nou (1847) in Duitsland sirkuleer, tot die domein van hierdie vuil en enerverende literatuur

2) Le socialisme conservateur ou le socialisme bourgeois
2) Konserwatiewe sosialisme, of bourgeoisie sosialisme

Une partie de la bourgeoisie est désireuse de redresser les griefs sociaux
'n Deel van die bourgeoisie wil graag sosiale griewe regstel
afin d'assurer la pérennité de la société bourgeoise
om die voortbestaan van die bourgeoisie-samelewing te verseker
C'est à cette section qu'appartiennent les économistes, les philanthropes, les humanitaires
Tot hierdie afdeling behoort ekonome, filantrope, humanitêre
améliorateurs de la condition de la classe ouvrière et organisateurs de la charité
verbeteraars van die toestand van die werkersklas en organiseerders van liefdadigheid
membres des sociétés de prévention de la cruauté envers les animaux
lede van verenigings vir die voorkoming van wreedheid teenoor diere
fanatiques de la tempérance, réformateurs de toutes sortes imaginables
matigheidsfanatici, gat-en-hoek-hervormers van elke denkbare soort
Cette forme de socialisme a, d'ailleurs, été élaborée en systèmes complets
Hierdie vorm van sosialisme is boonop in volledige stelsels uitgewerk
On peut citer la « Philosophie de la Misère » de Proudhon comme exemple de cette forme
Ons kan Proudhon se "Philosophie de la Misère" as 'n voorbeeld van hierdie vorm noem
La bourgeoisie socialiste veut tous les avantages des conditions sociales modernes
Die sosialistiese bourgeoisie wil al die voordele van moderne sosiale toestande hê

mais la bourgeoisie socialiste ne veut pas nécessairement des luttes et des dangers qui en résultent

maar die sosialistiese bourgeoisie wil nie noodwendig die gevolglike stryd en gevare hê nie

Ils désirent l'état actuel de la société, sans ses éléments révolutionnaires et désintégrateurs

Hulle begeer die bestaande toestand van die samelewing, minus sy revolusionêre en verbrokkelende elemente

c'est-à-dire qu'ils veulent une bourgeoisie sans prolétariat

met ander woorde, hulle wens 'n bourgeoisie sonder 'n proletariaat

La bourgeoisie conçoit naturellement le monde dans lequel elle est souveraine d'être la meilleure

Die bourgeoisie bedink natuurlik die wêreld waarin dit oppermagtig is om die beste te wees

et le socialisme bourgeois développe cette conception confortable en divers systèmes plus ou moins complets

en Bourgeoisie Sosialisme ontwikkel hierdie gemaklike opvatting in verskeie min of meer volledige stelsels

ils voudraient beaucoup que le prolétariat marche droit dans la Nouvelle Jérusalem sociale

hulle wil baie graag hê dat die proletariaat dadelik na die sosiale Nuwe Jerusalem marsjeer

Mais en réalité, elle exige du prolétariat qu'il reste dans les limites de la société existante

maar in werklikheid vereis dit dat die proletariaat binne die grense van die bestaande samelewing bly

ils demandent au prolétariat de se débarrasser de toutes ses idées haineuses sur la bourgeoisie

hulle vra die proletariaat om al hul haatlike idees oor die bourgeoisie weg te gooi

il y a une seconde forme plus pratique, mais moins systématique, de ce socialisme

daar is 'n tweede meer praktiese, maar minder sistematiese, vorm van hierdie sosialisme

Cette forme de socialisme cherchait à déprécier tout
mouvement révolutionnaire aux yeux de la classe ouvrière
Hierdie vorm van sosialisme het gepoog om elke
revolusionêre beweging in die oë van die werkersklas te
depresieer
Ils soutiennent qu'aucune simple réforme politique ne
pourrait leur être d'un quelconque avantage
Hulle voer aan dat geen blote politieke hervorming vir hulle
tot voordeel kan wees nie
Seul un changement dans les conditions matérielles
d'existence dans les relations économiques est bénéfique
slegs 'n verandering in die materiële bestaansvoorwaardes in
ekonomiese verhoudinge is voordelig
Comme le communisme, cette forme de socialisme prône un
changement des conditions matérielles d'existence
Soos kommunisme, bepleit hierdie vorm van sosialisme 'n
verandering in die materiële bestaansvoorwaardes
Cependant, cette forme de socialisme ne suggère nullement
l'abolition des rapports de production bourgeois
hierdie vorm van sosialisme dui egter geensins op die
afskaffing van die bourgeoisie se produksieverhoudings nie
l'abolition des rapports de production bourgeois ne peut se
faire que par la révolution
die afskaffing van die bourgeoisie se produksieverhoudings
kan slegs deur 'n rewolusie bereik word
Mais au lieu d'une révolution, cette forme de socialisme
suggère des réformes administratives
Maar in plaas van 'n rewolusie, stel hierdie vorm van
sosialisme administratiewe hervormings voor
et ces réformes administratives seraient fondées sur la
pérennité de ces relations
en hierdie administratiewe hervormings sou gebaseer wees op
die voortbestaan van hierdie betrekkinge
réformes qui n'affectent en rien les rapports entre le capital
et le travail

hervormings wat dus in geen opsig die verhoudings tussen kapitaal en arbeid beïnvloed nie

au mieux, de telles réformes réduisent le coût et simplifient le travail administratif du gouvernement bourgeois

op sy beste verminder sulke hervormings die koste en vereenvoudig die administratiewe werk van die bourgeoisie-regering

Le socialisme bourgeois atteint une expression adéquate lorsque, et seulement lorsque, il devient une simple figure de style

Burgerlike sosialisme bereik voldoende uitdrukking, wanneer, en slegs wanneer, dit 'n blote beeldspraak word

Le libre-échange : au profit de la classe ouvrière

Vryhandel: tot voordeel van die werkersklas

Les devoirs protecteurs : au profit de la classe ouvrière

Beskermende pligte: tot voordeel van die werkersklas

Réforme pénitentiaire : au profit de la classe ouvrière

Gevangenishervorming: tot voordeel van die werkersklas

C'est le dernier mot et le seul mot sérieux du socialisme bourgeois

Dit is die laaste woord en die enigste ernstig bedoelde woord van Bourgeoisie Sosialisme

Elle se résume dans la phrase : la bourgeoisie est une bourgeoisie au profit de la classe ouvrière

Dit word opgesom in die frase: die bourgeoisie is 'n bourgeoisie tot voordeel van die werkersklas

3) Socialisme et communisme utopiques critiques

3) Krities-utopiese sosialisme en kommunisme

Nous ne nous référons pas ici à la littérature qui a toujours donné la parole aux revendications du prolétariat

Ons verwys hier nie na die literatuur wat nog altyd die eise van die proletariaat uitgespreek het nie

cela a été présent dans toutes les grandes révolutions modernes, comme les écrits de Babeuf et d'autres

dit was teenwoordig in elke groot moderne rewolusie, soos die geskrifte van Babeuf en ander

Les premières tentatives directes du prolétariat pour parvenir à ses propres fins échouèrent nécessairement

Die eerste direkte pogings van die proletariaat om sy eie doelwitte te bereik, het noodwendig misluk

Ces tentatives ont été faites dans des temps d'effervescence universelle, lorsque la société féodale était renversée

Hierdie pogings is aangewend in tye van universele opwinding, toe die feodale samelewing omvergewerp is

L'état alors peu développé du prolétariat a conduit à l'échec de ces tentatives

Die destydse onontwikkelde toestand van die proletariaat het daartoe gelei dat daardie pogings misluk het

et ils ont échoué en raison de l'absence des conditions économiques pour son émancipation

en hulle het misluk weens die afwesigheid van die ekonomiese voorwaardes vir sy emansipasie

conditions qui n'avaient pas encore été produites, et qui ne pouvaient être produites que par l'époque de la bourgeoisie

toestande wat nog geproduseer moes word, en deur die naderende bourgeoisie-tydperk alleen geproduseer kon word

La littérature révolutionnaire qui accompagnait ces premiers mouvements du prolétariat avait nécessairement un caractère réactionnaire

Die revolusionêre literatuur wat hierdie eerste bewegings van die proletariaat vergesel het, het noodwendig 'n reaksionêre karakter gehad

Cette littérature inculquait l'ascétisme universel et le nivellement social dans sa forme la plus grossière

Hierdie literatuur het universele asketisme en sosiale nivellering in sy grofste vorm ingeskerp

Les systèmes socialistes et communistes, proprement dits, naissent au début de la période sous-développée

Die sosialistiese en kommunistiese stelsels, behoorlik sogenaamd, ontstaan in die vroeë onontwikkelde tydperk

Saint-Simon, Fourier, Owen et d'autres, ont décrit la lutte entre le prolétariat et la bourgeoisie (voir section 1)

Saint-Simon, Fourier, Owen en ander, het die stryd tussen proletariaat en bourgeoisie beskryf (sien Afdeling 1)

Les fondateurs de ces systèmes voient, en effet, les antagonismes de classe

Die stigters van hierdie stelsels sien inderdaad die klasse-antagonismes

Ils voient aussi l'action des éléments en décomposition, dans la forme dominante de la société

hulle sien ook die optrede van die ontbindende elemente, in die heersende vorm van die samelewing

Mais le prolétariat, encore à ses débuts, leur offre le spectacle d'une classe sans aucune initiative historique

Maar die proletariaat, wat nog in sy kinderskoene is, bied hulle die skouspel van 'n klas sonder enige historiese inisiatief

Ils voient le spectacle d'une classe sociale sans aucun mouvement politique indépendant

hulle sien die skouspel van 'n sosiale klas sonder enige onafhanklike politieke beweging

Le développement de l'antagonisme de classe va de pair avec le développement de l'industrie

Die ontwikkeling van klasse-antagonisme hou tred met die ontwikkeling van die nywerheid

La situation économique ne leur offre donc pas encore les conditions matérielles de l'émancipation du prolétariat

Die ekonomiese situasie bied hulle dus nog nie die materiële voorwaardes vir die emansipasie van die proletariaat nie

Ils cherchent donc une nouvelle science sociale, de nouvelles lois sociales, qui doivent créer ces conditions

Hulle soek dus na 'n nuwe sosiale wetenskap, na nuwe sosiale wette, wat hierdie toestande moet skep

l'action historique, c'est céder à leur action inventive personnelle

historiese optrede is om toe te gee aan hul persoonlike vindingryke optrede

Les conditions d'émancipation créées historiquement doivent céder la place à des conditions fantastiques

histories geskepte toestande van emansipasie sal toegee aan fantastiese toestande

et l'organisation de classe graduelle et spontanée du prolétariat doit céder la place à l'organisation de la société

en die geleidelike, spontane klasse-organisasie van die proletariaat moet toegee aan die organisasie van die samelewing

l'organisation de la société spécialement conçue par ces inventeurs

die organisasie van die samelewing wat spesiaal deur hierdie uitvinders bedink is

L'histoire future se résout, à leurs yeux, dans la propagande et l'exécution pratique de leurs projets sociaux

Toekomstige geskiedenis los homself in hul oë op in die propaganda en die praktiese uitvoering van hul sosiale planne

Dans l'élaboration de leurs plans, ils ont conscience de s'occuper avant tout des intérêts de la classe ouvrière

In die vorming van hul planne is hulle bewus daarvan dat hulle hoofsaaklik na die belange van die werkersklas omgee

Ce n'est que du point de vue d'être la classe la plus souffrante que le prolétariat existe pour eux

Slegs vanuit die oogpunt dat hulle die lydendste klas is, bestaan die proletariaat vir hulle

L'état sous-développé de la lutte des classes et leur propre environnement informent leurs opinions

Die onontwikkelde stand van die klassestryd en hul eie
omgewing lig hul opinies in

**Les socialistes de ce genre se considèrent comme bien
supérieurs à tous les antagonismes de classe**

Sosialiste van hierdie aard beskou hulself as baie beter as alle
klasse-antagonismes

**Ils veulent améliorer la condition de tous les membres de la
société, même celle des plus favorisés**

Hulle wil die toestand van elke lid van die samelewing
verbeter, selfs dié van die mees begunstigdes

**Par conséquent, ils s'adressent habituellement à la société
dans son ensemble, sans distinction de classe**

Daarom doen hulle gewoonlik 'n beroep op die samelewing in
die algemeen, sonder onderskeid van klas

**Bien plus, ils font appel à la société dans son ensemble de
préférence à la classe dirigeante**

nee, hulle doen 'n beroep op die samelewing in die algemeen
deur voorkeur vir die heersersklas

**Pour eux, tout ce qu'il faut, c'est que les autres comprennent
leur système**

Vir hulle is al wat dit vereis dat ander hul stelsel verstaan

**Car comment les gens peuvent-ils ne pas voir que le
meilleur plan possible est le meilleur état possible de la
société ?**

Want hoe kan mense nie sien dat die beste moontlike plan vir
die beste moontlike toestand van die samelewing is nie?

**C'est pourquoi ils rejettent toute action politique, et surtout
toute action révolutionnaire**

Daarom verwerp hulle alle politieke, en veral alle
revolusionêre, optrede

ils veulent arriver à leurs fins par des moyens pacifiques

hulle wil hul doelwitte op vreedsame wyse bereik

**ils s'efforcent, par de petites expériences, qui sont
nécessairement vouées à l'échec**

hulle poging, deur klein eksperimente, wat noodwendig tot
mislukking gedoem is

et par la force de l'exemple, ils essaient d'ouvrir la voie au nouvel Évangile social

en deur die krag van die voorbeeld probeer hulle die weg baan vir die nuwe sosiale Evangelie

De tels tableaux fantastiques de la société future, peints à une époque où le prolétariat est encore dans un état très sous-développé

Sulke fantastiese prente van die toekomstige samelewing, geskilder in 'n tyd waarin die proletariaat nog in 'n baie onontwikkelde toestand is

et il n'a encore qu'une conception fantasmatique de sa propre position

en dit het nog steeds net 'n fantastiese opvatting van sy eie posisie

Mais leurs premières aspirations instinctives correspondent aux aspirations du prolétariat

maar hul eerste instinktiewe verlange stem ooreen met die verlange van die proletariaat

L'un et l'autre aspirent à une reconstruction générale de la société

Albei smag na 'n algemene heropbou van die samelewing

Mais ces publications socialistes et communistes contiennent aussi un élément critique

Maar hierdie sosialistiese en kommunistiese publikasies bevat ook 'n kritieke element

Ils s'attaquent à tous les principes de la société existante

Hulle val elke beginsel van die bestaande samelewing aan

C'est pourquoi ils sont remplis des matériaux les plus précieux pour l'illumination de la classe ouvrière

Daarom is hulle vol van die waardevolste materiaal vir die verligting van die werkersklas

Ils proposent l'abolition de la distinction entre la ville et la campagne, et la famille

hulle stel voor dat die onderskeid tussen stad en platteland en die gesin afgeskaff word

la suppression de l'exercice de l'industrie pour le compte des particuliers

die afskaffing van die bedryf van nywerhede vir rekening van privaat individue

et l'abolition du salariat et la proclamation de l'harmonie sociale

en die afskaffing van die loonstelsel en die proklamasie van sosiale harmonie

la transformation des fonctions de l'État en une simple surveillance de la production

die omskakeling van die funksies van die staat in 'n blote toesig oor produksie

Toutes ces propositions ne pointent que vers la disparition des antagonismes de classe

Al hierdie voorstelle dui slegs op die verdwyning van klasse-antagonismes

Les antagonismes de classe ne faisaient alors que surgir

Klasse-antagonismes het destyds net opgeduik

Dans ces publications, ces antagonismes de classe ne sont reconnus que dans leurs formes les plus anciennes, indistinctes et indéfinies

In hierdie publikasies word hierdie klasse-antagonismes slegs in hul vroegste, onduidelike en ongedefinieerde vorme erken

Ces propositions ont donc un caractère purement utopique

Hierdie voorstelle is dus van 'n suiwer utopiese karakter

La signification du socialisme et du communisme critiques-utopiques est en relation inverse avec le développement historique

Die betekenis van krities-utopiese sosialisme en kommunisme hou 'n omgekeerde verband met historiese ontwikkeling

La lutte de classe moderne se développera et continuera à prendre une forme définitive

Die moderne klassestryd sal ontwikkel en voortgaan om definitiewe vorm aan te neem

Cette réputation fantastique du concours perdra toute valeur pratique

Hierdie fantastiese posisie van die kompetisie sal alle praktiese waarde verloor

Ces attaques fantastiques contre les antagonismes de classe perdront toute justification théorique

Hierdie fantastiese aanvalle op klasse-antagonismes sal alle teoretiese regverdiging verloor

Les initiateurs de ces systèmes étaient, à bien des égards, révolutionnaires

Die skeppers van hierdie stelsels was in baie opsigte revolusionêr

Mais leurs disciples n'ont, dans tous les cas, formé que des sectes réactionnaires

maar hulle dissipels het in elke geval blote reaksionêre sektes gevorm

Ils s'en tiennent fermement aux vues originales de leurs maîtres

Hulle hou styf vas aan die oorspronklike sienings van hul meesters

Mais ces vues s'opposent au développement historique progressif du prolétariat

maar hierdie sienings is in teenstelling met die progressiewe historiese ontwikkeling van die proletariaat

Ils s'efforcent donc, et cela constamment, d'étouffer la lutte des classes

Hulle poog dus, en dit konsekwent, om die klassestryd dood te maak

et ils s'efforcent constamment de concilier les antagonismes de classe

en hulle poog deurgaans om die klasse-antagonismes te versoen

Ils rêvent encore de la réalisation expérimentale de leurs utopies sociales

Hulle droom steeds van eksperimentele verwesenliking van hul sosiale Utopieë

ils rêvent encore de fonder des « phalanstères » isolés et d'établir des « colonies d'origine »

hulle droom steeds daarvan om geïsoleerde "phalansteres" te
stig en "Home Colonies" te stig

**ils rêvent de mettre en place une « Petite Icarie » – éditions
duodecimo de la Nouvelle Jérusalem**

hulle droom daarvan om 'n "Klein Icaria" op te rig -
duodecimo-uitgawes van die Nuwe Jerusalem

Et ils rêvent de réaliser tous ces châteaux dans les airs

en hulle droom om al hierdie kastele in die lug te verwesenlik

**Ils sont obligés de faire appel aux sentiments et aux bourses
des bourgeois**

hulle is verplig om 'n beroep op die gevoelens en beursies van
die bourgeois te doen

**Peu à peu, ils s'enfoncent dans la catégorie des socialistes
conservateurs réactionnaires décrits ci-dessus**

Geleidelik sink hulle in die kategorie van die reaksionêre
konserwatiewe sosialiste wat hierbo uitgebeeld word

**ils ne diffèrent de ceux-ci que par une pédanterie plus
systématique**

hulle verskil slegs van hierdie deur meer sistematiese
pedanterie

**et ils diffèrent par leur croyance fanatique et superstitieuse
aux effets miraculeux de leur science sociale**

en hulle verskil deur hul fanatiese en bygelowige geloof in die
wonderbaarlike gevolge van hul sosiale wetenskap

**Ils s'opposent donc violemment à toute action politique de
la part de la classe ouvrière**

Hulle staan dus gewelddadig alle politieke optrede van die
werkersklas teë

**une telle action, selon eux, ne peut résulter que d'une
incrédulité aveugle dans le nouvel Évangile**

sulke optrede kan volgens hulle slegs die gevolg wees van
blinde ongeloof in die nuwe Evangelie

**Les owénistes en Angleterre et les fouriéristes en France
s'opposent respectivement aux chartistes et aux réformistes**

Die Oweniete in Engeland, en die Fourieriste in Frankryk,
onderskeidelik, staan die Chartiste en die "Réformistes" teë

Position des communistes par rapport aux divers partis d'opposition existants

Posisie van die kommuniste in verhouding tot die verskillende bestaande opposisiepartye

La section II a mis en évidence les relations des communistes avec les partis ouvriers existants

Afdeling II het die verhoudings van die kommuniste met die bestaande werkersklaspartye duidelik gemaak

comme les chartistes en Angleterre et les réformateurs agraires en Amérique

soos die Chartiste in Engeland, en die Agrariese Hervormers in Amerika

Les communistes luttent pour la réalisation des objectifs immédiats

Die Kommuniste veg vir die bereiking van die onmiddellike doelwitte

Ils luttent pour l'application des intérêts momentanés de la classe ouvrière

hulle veg vir die afdwinging van die kortstondige belange van die werkersklas

Mais dans le mouvement politique d'aujourd'hui, ils représentent et s'occupent aussi de l'avenir de ce mouvement

Maar in die politieke beweging van die hede verteenwoordig en sorg hulle ook vir die toekoms van daardie beweging

En France, les communistes s'allient avec les social-démocrates

In Frankryk verbind die Kommuniste hulself met die Sosiaal-Demokrate

et ils se positionnent contre la bourgeoisie conservatrice et radicale

en hulle posisioneer hulself teen die konserwatiewe en radikale bourgeoisie

cependant, ils se réservent le droit d'adopter une position critique à l'égard des phrases et des illusions traditionnellement héritées de la grande Révolution

hulle behou egter die reg voor om 'n kritiese standpunt in te neem ten opsigte van frases en illusies wat tradisioneel van die groot rewolusie oorgedra is

En Suisse, ils soutiennent les radicaux, sans perdre de vue que ce parti est composé d'éléments antagonistes

In Switserland ondersteun hulle die Radikale, sonder om uit die oog te verloor dat hierdie party uit antagonistiese elemente bestaan

en partie des socialistes démocrates, au sens français du terme, en partie de la bourgeoisie radicale

deels van Demokratiese Sosialiste, in die Franse sin, deels van radikale bourgeoisie

En Pologne, ils soutiennent le parti qui insiste sur la révolution agraire comme condition première de l'émancipation nationale

In Pole ondersteun hulle die party wat aandring op 'n agrariese revolusie as die belangrikste voorwaarde vir nasionale emansipasie

ce parti qui fomenta l'insurrection de Cracovie en 1846

daardie party wat die opstand van Krakau in 1846 aangevuur het

En Allemagne, ils luttent avec la bourgeoisie chaque fois qu'elle agit de manière révolutionnaire

In Duitsland veg hulle met die bourgeoisie wanneer dit op 'n revolusionêre manier optree

contre la monarchie absolue, l'escroc féodal et la petite bourgeoisie

teen die absolute monargie, die feodale squirearchy en die kleinburgery

Mais ils ne cessent jamais, un seul instant, inculquer à la classe ouvrière une idée particulière

Maar hulle hou nooit op om vir 'n enkele oomblik een spesifieke idee in die werkersklas in te boesem nie

la reconnaissance la plus claire possible de l'antagonisme hostile entre la bourgeoisie et le prolétariat

die duidelikste moontlike erkenning van die vyandige
antagonisme tussen bourgeoisie en proletariaat

**afin que les ouvriers allemands puissent immédiatement
utiliser les armes dont ils disposent**

sodat die Duitse werkers dadelik die wapens tot hul
beskikking kan gebruik

**les conditions sociales et politiques que la bourgeoisie doit
nécessairement introduire en même temps que sa
suprématie**

die sosiale en politieke toestande wat die bourgeoisie
noodwendig saam met sy oppergesag moet instel

**la chute des classes réactionnaires en Allemagne est
inévitable**

die val van die reaksionêre klasse in Duitsland is
onvermydelik

**et alors la lutte contre la bourgeoisie elle-même peut
commencer immédiatement**

en dan kan die stryd teen die bourgeoisie self onmiddellik
begin

**Les communistes tournent leur attention principalement
vers l'Allemagne, parce que ce pays est à la veille d'une
révolution bourgeoise**

Die Kommuniste vestig hul aandag hoofsaaklik op Duitsland,
want daardie land is op die vooraand van 'n bourgeoisie-
rewolusie

**une révolution qui ne manquera pas de s'accomplir dans des
conditions plus avancées de la civilisation européenne**

'n rewolusie wat sekerlik onder meer gevorderde toestande
van die Europese beskawing uitgevoer sal word

**Et elle ne manquera pas de se faire avec un prolétariat
beaucoup plus développé**

en dit sal beslis uitgevoer word met 'n baie meer ontwikkelde
proletariaat

**un prolétariat plus avancé que celui de l'Angleterre au XVIIe
siècle, et celui de la France au XVIIIe siècle**

'n proletariaat wat meer gevorderd was as dié van Engeland in die sewentiende en van Frankryk in die agtiende eeu

et parce que la révolution bourgeoise en Allemagne ne sera que le prélude d'une révolution prolétarienne qui suivra immédiatement

en omdat die bourgeoisie-rewolusie in Duitsland maar die voorspel sal wees tot 'n onmiddellik daaropvolgende proletariese rewolusie

Bref, partout les communistes soutiennent tout mouvement révolutionnaire contre l'ordre social et politique existant

Kortom, die Kommuniste ondersteun oral elke revolusionêre beweging teen die bestaande sosiale en politieke orde van dinge

Dans tous ces mouvements, ils mettent au premier plan, comme la question maîtresse de chacun d'eux, la question de la propriété

In al hierdie bewegings bring hulle die eiendomskwessie na vore, as die leidende vraag in elkeen,

quel que soit son degré de développement dans ce pays à ce moment-là

maak nie saak wat die mate van ontwikkeling destyds in daardie land is nie

Enfin, ils œuvrent partout pour l'union et l'accord des partis démocratiques de tous les pays

Laastens werk hulle oral vir die unie en ooreenkoms van die demokratiese partye van alle lande

Les communistes dédaignent de dissimuler leurs vues et leurs objectifs

Die Kommuniste minag om hul sienings en doelwitte te verberg

Ils déclarent ouvertement que leurs fins ne peuvent être atteintes que par le renversement par la force de toutes les conditions sociales existantes

Hulle verklaar openlik dat hul doelwitte slegs bereik kan word deur die gewelddadige omverwerping van alle bestaande sosiale toestande

Que les classes dirigeantes tremblent devant une révolution communiste

Laat die heersende klasse bewe vir 'n kommunistiese rewolusie

Les prolétaires n'ont rien d'autre à perdre que leurs chaînes

Die proletariërs het niks om te verloor nie, behalwe hul kettings

Ils ont un monde à gagner

Hulle het 'n wêreld om te wen

TRAVAILLEURS DE TOUS LES PAYS, UNISSEZ-VOUS !

WERKENDE MANNE VAN ALLE LANDE, VERENIG!